Eynar Leupold

Miniglossar
Fremdsprachenunterricht

Vorwort

Seit Beginn des neuen Jahrtausends unterliegt der Fremdsprachenunterricht erheblichen Veränderungen. *Bildungsstandards, Task-based language learning, Output-Orientierung, Kompetenzorientierung* und *Vergleichsarbeiten* sind nur einige Begriffe, die heute die Diskussion zum Fremdsprachenunterricht bestimmen. Sie sind Indiz dafür, dass neben der Fachdidaktik bzw. Sprachlehr- und -lernforschung andere Forschungsdisziplinen mit ihren Methoden, Erkenntnissen und ihrer Terminologie unmittelbar oder mittelbar auf den Fremdsprachenunterricht einwirken. In dem Zusammenhang sind insbesondere die empirische Bildungsforschung sowie die Testtheorie zu nennen, die die Tür zu neuen Diskurswelten geöffnet haben.

Für die unvoreingenommene Wahrnehmung des erweiterten Diskurses um Bildung, Schule und Fremdsprachenunterricht, für die kritische Lektüre der umfangreichen Publikationen in diesen Bereichen sowie für die Einordnung der forschungsbasierten Einsichten, Ergebnisse und Erkenntnisse ist die Kenntnis grundlegender Termini aus der Bildungswissenschaft, der Fachdidaktik und der Testtheorie eine wichtige Voraussetzung.

Das vorliegende Glossar ist als ein Instrument der Orientierung für Lehramtsstudierende sowie Lehrer[1] konzipiert, die einen Einstieg oder eine Bestätigung zu neuen oder traditionel-

[1] Um die Lesefreundlichkeit zu erhöhen, wird in diesem Buch auf die Nennung von weiblichen und männlichen Personen verzichtet. Stattdessen wird die neutrale Form gewählt.

len Merkmalen des Fremdsprachenunterrichts in Verbindung mit den Bezugswissenschaften suchen.

Das Glossar bietet eine Grundlage für einen spontanen, unkomplizierten Zugriff im Sinne einer allgemeinen begrifflichen Orientierung und Sicherung des Verständnisses. Der begrenzte Umfang sowie die bewusst knappe Explizierung der Begriffe lassen erkennen, dass das Glossar weder ein Fachwörterbuch noch eine Fachdidaktik oder Methodik des Unterrichts ersetzen kann und soll.

Folgende Merkmale zeichnen das Glossar aus:

- Es enthält zentrale Begriffe der Fremdsprachendidaktik, der Bildungswissenschaften und der Testtheorie.
- Jedes Lemma erscheint in deutscher, englischer, französischer und spanischer Sprache, wann immer dies möglich ist und sinnvoll erscheint. Zu berücksichtigen ist, dass die Übersetzungen in andere Sprachen teilweise bedeutungsmäßig nur Annäherungen darstellen können, da die jeweilige Schul- und Unterrichtskultur eine eigene Ausprägung hat. In den Fällen, in denen eine Übersetzung problematisch oder nicht sinnvoll erschien, steht das Zeichen ■.
- Die Erläuterungen zu den Begriffen haben das Ziel, die jeweilige Bedeutung in knapper und verständlicher Form zu beschreiben. Deshalb wurde auf ein allgemein akzeptiertes Verständnis zurückgegriffen und – von wenigen Ausnahmen abgesehen – bewusst auf die Nennung von wichtigen Vertretern sowie auf bibliografische Verweise innerhalb der Artikel verzichtet.
- Im Anschluss an jeden Artikel werden Verweise auf inhaltlich benachbarte Einträge innerhalb des Glossars ausgewiesen.

- Die meisten Einträge werden durch *einen* signifikanten bibliografischen Hinweis ergänzt. Dabei wurden ausschließlich Monografien berücksichtigt und vor allem solche, deren Lektüre einen Gewinn für Lehrer aller vier Sprachen darstellt. Sie können als Ausgangspunkt für eine inhaltliche Vertiefung und bibliografische Orientierung dienen.

Die formale Struktur des Glossars stellt sich wie folgt dar:

- Alle Eintragungen haben als Ausgangspunkt Nomen, die in alphabetischer Reihenfolge angeordnet sind.
- Dieses Prinzip wird auch bei Wortzusammensetzungen wie *Interkulturelles Lernen* oder *Direkte Methode* angewandt. Sie sind jeweils unter dem Nomen, also unter *Lernen* und *Methode*, nachzuschlagen.
- Eine vollständige Übersicht der bibliografischen Hinweise im Glossar sowie eine Auswahlübersicht einzelner Wörterbücher und Nachschlagewerke befinden sich im Anhang.

Es ist nicht möglich, alle Kollegen zu nennen, die während der Erarbeitung in zahlreichen Gesprächen mit ihrem Rat und ihrer Expertise zur endgültigen Gestaltung der Eintragungen beigetragen haben. Stellvertretend seien genannt: Sonja Saiwas (Englisch), Marie-Françoise Vignaud (Französisch), Yolanda Rennes (Spanisch) sowie Raphaela Oehler (Testtheorie). Für die konstruktive fortlaufende Mitarbeit in einer ersten Arbeitsphase danke ich der Lehramtsreferendarin Julia Opelt.

Die redaktionelle Hilfestellung und Bearbeitung des Manuskripts wurde geduldig und kompetent von Cordula Schurig geleistet.

Ein besonderer Dank gilt dem Direktor des Instituts zur Qualitätssicherung im Bildungswesen Berlin (IQB), Prof. Dr.

Olaf Köller, der mir eine Präsenz als Gastwissenschaftler an seinem Institut ermöglicht hat. Der Gedankenaustausch mit ihm sowie den Wissenschaftlern am IQB waren nicht nur eine stete Quelle der Inspiration, sondern sie haben mir als Lehrer und als traditionell ausgebildetem Fachdidaktiker gezeigt, wie wichtig es ist, sich auf Ansätze der empirischen Bildungsforschung und der Testtheorie einzulassen, um bewährte Verfahren und Strukturen des Fremdsprachenunterrichts qualitativ weiterzuentwickeln.

Berlin, Mai 2009 Eynar Leupold

Abbildung
→ *Illustration*

Aktionsforschung · action research · recherche-action *f.* · investigación-acción *f.*
Bezeichnet eine praxisorientierte Forschungsrichtung der Sozialwissenschaften, in der der Lehr- bzw. Lernprozess im Unterricht selbst zum Forschungsgegenstand wird. Hypothesen und Modelle werden in der Praxis empirisch überprüft. Die so gewonnenen Daten werden interpretiert, können in konkrete Handlungsvorschläge einmünden und Anregungen für weitere Forschungsansätze geben.
→ *Fragebogen* → *Hypothese* → *Interview*

Schocker von Ditfurth, Marita (2001), Forschendes Lernen in der fremdsprachlichen Lehrerbildung. Grundlagen, Erfahrungen, Perspektiven. Tübingen: Lang.

Arbeitsauftrag · instruction · consigne *f.* · enunciado *m.*
Mündliche oder schriftlich formulierte Anweisung, die die in Angriff zu nehmende Aktivität des Lerners präzise beschreibt. Bei bestimmten Aufgaben kann der Arbeitsauftrag auch Informationen zu dem erwarteten Ergebnis bzw. Produkt sowie zu den Beurteilungskriterien enthalten. Er kann in der Muttersprache oder in der Fremdsprache verfasst sein. Das Verstehen des Arbeitsauftrages selbst sollte in der Regel keine Hürde für die erfolgreiche Problemlösung darstellen.
→ *Aufgabenorientierung* → *Lernaufgabe* → *Übung*

Arbeitsblatt · worksheet · fiche de travail *f.* · ficha de trabajo *f.*
Schriftlich fixierte Aufgabe(n) mit der Maßgabe einer überwiegend schriftlichen Bearbeitung in Einzel-, Partner- oder Gruppenarbeit in der Unterrichtsstunde selbst oder als Hausarbeit.

Besondere Bedeutung ist der inhaltlichen und formalen Gestaltung beizumessen: Das Arbeitsblatt muss eine klare Arbeitsanweisung für jede Aufgabe enthalten. Es ist aus motivationalen Gründen sinnvoll, einfachere Aufgaben vor komplexeren Aufgaben anzuordnen. Wenn die Lösungen auf dem Blatt festgehalten werden sollen, ist zudem ausreichend Platz für die Schülereinträge vorzusehen.

→ *Arbeitsauftrag* → *Motivation*

Arbeitsgedächtnis · working memory · mémoire de travail *f.* · memoria de trabajo *f.*
Kurzzeitspeicher im präfrontalen Cortex des Gehirns, der Informationen über unterschiedliche Zeitspannen hinweg bewahrt. Teileinheiten sind die zentrale Exekutive als Prozessor, der visuell-räumliche Notizblock (Speicher für visuelle Eindrücke), die phonologische Schleife (Speicher für akustisch wahrgenommene Signale) sowie der episodische Puffer (Speicher für Ereignisse und Autobiografisches). Inhalte des Arbeitsgedächtnisses sind immer bewusst. Es ist eine offene Frage, ob die Kapazität des Arbeitsgedächtnisses positiv veränderbar ist.

→ *Langzeitgedächtnis*

Hermann, Christoph / Fiebach, Christian ([2]2007), Gehirn und Sprache. Frankfurt / Main: Fischer TB.

Arbeitstechnik · working technique · technique de travail *f.* · técnica de trabajo *f.*

Die Kenntnis und der kompetente Einsatz von Arbeitstechniken bilden eine wichtige Instanz beim Spracherwerb. Dazu zählen z.B. das Führen eines Vokabelheftes, das Nachschlagen im Wörterbuch, das gezielte Markieren mit einem Textmarker oder das Lösen von Testaufgaben nach dem Auswahl-Antwort-Verfahren (*Multiple-Choice-Verfahren*). Teilweise werden sie im Fremdsprachenunterricht vorausgesetzt, teilweise erworben.

→ *Lernstrategie* → *Lerntechnik*

Aufgabenorientierung · task-based learning · travail sur tâche *f.* · enfoque por tareas *m.*

Konzept, das den Aufgaben eine Schlüsselfunktion für den Sprachlehr- und -lernprozess zuweist. Merkmale des Konzepts der Aufgabenorientierung sind die

- Rolle des Lerners als aktiv handelndes Individuum,
- Interaktion als zentrale Instanz zur Bedeutungskonstruktion,
- Einbeziehung der außerschulischen Realität,
- Reduzierung der Betonung des formalen Aspekts bei der Sprachverwendung und die
- Überwindung einer durch das Lehrwerk vorgegebenen grammatischen und inhaltlichen Progression.

→ *Lernaufgabe* → *Prozessorientierung* → *Testaufgabe* → *Übung*

Müller-Hartmann, Andreas / Schocker von Ditfurth, Marita (Hrsg.) (2005), Aufgabenorientierung im Fremdsprachenunterricht: task-based language learning and teaching; Festschrift für Michael K. Legutke. Tübingen: Narr. (Gießener Beiträge zur Fremdsprachendidaktik)

Aussprache · pronunciation · prononciation *f.* · pronunciación *f.*
Kompetenzbereich innerhalb des Sprachlernprozesses. Neben der Bedeutung für die Verständlichkeit in der mündlichen Kommunikation ist eine korrekte Aussprache eine wichtige Voraussetzung für die Ausbildung der Schreibkompetenz. Phasen der Imitation sowie der Bewusstmachung stützen die Ausbildung einer zielsprachennahen Aussprache.
→ *Kompetenz* → *Kompetenzbereich* → *Musik*

Authentizität · authenticity · authenticité *f.* · autenticidad *f.*
Die Forderung nach Authentizität bezieht sich sowohl auf die Unterrichtssprache, die Unterrichtssituationen sowie das im Fremdsprachenunterricht eingesetzte Unterrichtsmaterial.

Man geht davon aus, dass sich auf dem Wege sprachlicher und situativer Authentizität für den Lerner die Distanz zu dem geografisch entfernten Zielsprachenland verringert, sich seine Lernmotivation erhöht und somit die sprachliche Kommunikationsbereitschaft gefördert werden kann.

Eine ausschließliche Bezugnahme auf das Konzept Authentizität im Fremdsprachenunterricht erfährt teilweise eine Einschränkung durch folgende fachdidaktische Überlegungen:

- Absage der Orientierung der Sprachkompetenz des Lerners an der eines *native speaker*

- Lernerorientierung mit der Notwendigkeit einer Differenzierung der Schwierigkeitsanforderungen im Unterrichtsgespräch, bei der Textauswahl und den Lernaufgaben.

→ *Differenzierung* → *Illustration* → *Lernerorientierung* → *Text*

Babysprache · motherese · langage maternel *m.* · lenguaje infantíl *m.*
Babysprache ist bei der Interaktion zwischen Kind und Umwelt in der Phase des Spracherwerbs der Muttersprache bedeutend. Der Begriff beschreibt das Phänomen, dass Erwachsene sich in einer vereinfachten Sprache an Kinder wenden, um ihnen das Erlernen und insbesondere das Verstehen sowie das Sprechen zu erleichtern. Es ist in der Forschung umstritten, ob ein derart gefilterter Input notwendig ist und den Spracherwerb fördert.

Im Fremdsprachenunterricht gibt es im Anfangsunterricht vereinzelt die Tendenz, von der authentischen Sprache abzuweichen und Zugeständnisse an die Komplexität des Inputs sowie die Sprechgeschwindigkeit zu machen. Dieses Verfahren ist für den Spracherwerbsprozess problematisch.

→ *Authentizität*

Behaviorismus · behaviourism · béhaviorisme *m.* · behaviorismo *m.*
Lerntheoretischer Ansatz, der bis Anfang der 70er-Jahre des letzten Jahrhunderts maßgeblich die Praxis des Lehr- und Lernprozesses beeinflusste. Grundlage des Lernprozesses ist ein Reiz-Reaktions-Schema. Lernen wird als imitativer Prozess unter Ausschluss kognitiver Operationen angesehen. Das lerntheoretische Konzept fand im Fremdsprachenunterricht seinen

Niederschlag u. a. in Strukturübungen (pattern practice, exercices structuraux, ejercicios estructurales). Psycholinguistische Erkenntnisse zur Bedeutung der Kognition für das Lernen, pädagogische Orientierungen zum selbstregulierten und handlungsorientierten Lernen sowie das fachdidaktische Prinzip der Lernerorientierung haben zu einer Überwindung dieses Lernansatzes im Fremdsprachenunterricht geführt.
→ *Kognition* → *Konstruktivismus* → *Methode (audiolinguale /audiorale M.)*

Benotung · marking · notation *f.* · puntuación *f.*
Qualifizierende Rückmeldung in Form einer Note auf die spezifische Leistung eines Lerners. Durch die Notengebung werden Leistungsunterschiede zwischen Lernern transparent gemacht. Das in Deutschland benutzte Notensystem hat sechs Stufen:

1 (sehr gut) – wenn die Leistung den Anforderungen in besonderem Maße entspricht
2 (gut) – wenn die Leistung den Anforderungen voll entspricht
3 (befriedigend) – wenn die Leistung im Allgemeinen den Anforderungen entspricht
4 (ausreichend) – wenn die Leistung zwar Mängel aufweist, aber im Ganzen den Anforderungen noch entspricht
5 (mangelhaft) – wenn die Leistung den Anforderungen nicht entspricht, jedoch erkennen lässt, dass die notwendigen Grundkenntnisse vorhanden sind und die Mängel in absehbarer Zeit behoben werden können
6 (ungenügend) – wenn die Leistung den Anforderungen nicht entspricht und selbst die Grundkenntnisse so lücken-

haft sind, dass die Mängel in absehbarer Zeit nicht behoben werden können

Empirisch belegte Zweifel an der Sinnhaftigkeit des traditionellen Benotungssystems durch Erkenntnisse aus der Erziehungswissenschaft, durch die im Gemeinsamen Europäischen Referenzrahmen propagierte Kompetenzstufenorientierung sowie durch Erkenntnisse zur Bedeutung der Selbstevaluation stellen die Anwendung des Verfahrens der Benotung zur Kennzeichnung der Sprachkompetenz zunehmend infrage.

→ *Beurteilung* → *Kompetenz* → *Niveaustufen*
→ *Referenzrahmen* → *Sprachenportfolio*

Minde, Antje (2007), Schulnoten: Der Einfluss von Leistungsbeurteilungen auf die Schülermotivation. Saarbrücken: VDM Verlag Dr. Müller.

Beurteiler · rater · encodeur *m.* · encodador *m.*

Geschulte Person, die unter Bezugnahme schriftlicher Vorgaben (*code book*) ein valides Urteil zu bestimmten Messdaten abgibt. Beurteiler werden bei der Evaluation der Bildungsstandards für die produktiven sprachlichen Schülerleistungen (Sprechen, Schreiben) eingesetzt. Wird auf das Urteil mehrerer Beurteiler zurückgegriffen, ist die Übereinstimmung der Urteile, die sogenannte *Interrater-Reliabilität*, eine wichtige Forderung.

→ *Bildungsstandard*

Wirtz, Markus / Caspar, Frank (2002), Beurteilerübereinstimmung und Beurteilerreliabilität. Göttingen u. a.: Hogrefe.

Beurteilung · assessment · évaluation *f.* · evaluación *f.*
Eine Lernleistung zu beurteilen, bedeutet, eine Feststellung im Hinblick auf den Grad des Erreichens eines gesetzten Zieles zu treffen. Bei der *Fremdbeurteilung* ist es eine Person von außen, die eine Lernleistung bewertet. Bei dieser Person handelt es sich im Schulunterricht in der Regel um den Lehrer. Bei größeren Lernstandserhebungen wird die Beurteilung auch durch geschulte Personen (Beurteiler) vorgenommen, die keinen Kontakt zu der Klasse oder dem einzelnen Lerner haben.

Folgende Formen der Fremdbeurteilung werden unterschieden:

- *Analytische Beurteilung*
  Unterschiedliche Gesichtspunkte werden getrennt beurteilt, so z. B. im Mündlichen die Aussprache, der Satzbau, die Intonation und der Wortschatz. In der Regel werden diese Bereiche mit einem Punktesystem oder mithilfe eines Rasters beurteilt.
- *Ganzheitliche (holistische) Beurteilung*
  Eine intuitive Gewichtung unterschiedlicher Elemente führt zu einer globalen Beurteilung einer Leistung eines Lerners.
- *Kriteriumsorientierte Beurteilung*
  Die Beurteilung der individuellen Leistung des Lerners erfolgt ausschließlich unter Bezugnahme bestimmter, vom Beurteiler festgelegter Kriterien, die mit unterschiedlicher Gewichtung in die Gesamtbeurteilung einfließen.
- *Normorientierte Beurteilung*

Die Leistung aller Lerner wird an einer vorgegebenen Norm gemessen. Die einzelnen Lernergebnisse werden anschließend in eine Reihenfolge gebracht.

- *Kontinuierliche Beurteilung*
  Eine fortlaufende, z.B. sich über ein Schulhalbjahr erstreckende Aufnahme von Leistungen, die am Ende der Beurteilungszeit zu einer Gesamtnote zusammengefasst werden.
- *Punktuelle Beurteilung*
  Leistungserhebung zu einem bestimmten Zeitpunkt, um eine Aussage zur Kompetenz des Lerners machen zu können.
- *Formative Beurteilung*
  Fortlaufende Aufnahme von Eindrücken aus unterschiedlichen Quellen (Hausaufgaben, mündliche Beteiligung, informelle Tests) zur Leistungsentwicklung eines Lerners. Sie bietet eine Rückmeldeinstanz für Lehr- und Lernprozesse.
- *Summative Beurteilung*
  Beurteilung der Leistung eines Lerners am Ende eines Lehrgangs. Sie ist vergleichbar mit einer Gesamtnote, sie kann aber auch in der Bestimmung eines Kompetenzniveaus auf der Basis der Niveaubeschreibungen des Referenzrahmens (z.B. B1, B2) zum Ausdruck kommen.

Selbstbeurteilung bezeichnet die Beurteilung durch den Lerner selbst. Hierbei handelt es sich um eine wichtige metakognitive Kompetenz. Ein Verständnis vom Lernprozess, das den Lerner in die Verantwortung für sein Lernen nimmt, sowie motivationale Gründe und die Forderung nach der Ausbildung von Sprachlernkompetenzen sind die wesentlichen Gründe für die Favorisierung der Selbstbeurteilung. Das Europäische Sprachenportfolio ist ein Instrument zur Selbstbeurteilung.

Auch Lehrwerke bieten zunehmend Elemente für die Selbstbeurteilung an.
→ *Beurteiler* → *Kompetenz* → *Metakognition* → *Sprachenportfolio*

Böttcher, Wolfgang / Holtappels, Heinz Günter / Brohm, Michaela (Hrsg.) (2006), Evaluation im Bildungswesen: Eine Einführung in Grundlagen und Praxisbeispiele. Weinheim, München: Juventa.

Bewegungsgeschichte · action story · histoire à mouvements *f.* cuento mediante expresión corporal *f.*
Methodisches Verfahren, vor allem im Fremdsprachenunterricht der Grundschule eingesetzt, bei dem eine sprachliche Aktivität mit Gestik, Mimik und Körperbewegungen verknüpft wird. Ausgangstexte sind vielfach eine Geschichte oder ein Lied. Die Ganzheitlichkeit des Verfahrens führt zu einer hohen Motivation und fördert das Behalten sprachlicher Strukturen.
→ *Gedächtnis* → *Methode*

Bezugsnorm · reference norm · norme de référence *f.* · norma de referencia *f.*
Im Zusammenhang mit einer Fremdbewertung kann die Leistung eines Schülers an einer *sozialen Bezugsnorm*, an einer *individuellen Bezugsnorm* oder an einem gesetzten Standard *kriteriumsorientiert* gemessen werden.

Die Bezugnahme auf eine *soziale Bezugsnorm* bedeutet, dass die einzelne Schülerleistung im Vergleich mit anderen Schülerleistungen gemessen wird. Lehrer mit *individueller Be-*

zugsnorm-Orientierung legen zugleich verschiedene Maßstäbe an und bewerten den Lernerfolg des einzelnen Lerners u. a. mit Blick auf seine Lernentwicklung und sein Lernpotenzial.

Durch eine individuelle Bezugsnorm werden günstige Motivationseffekte beim Lerner ausgelöst, die in der Verbesserung der Leistungsmotivation insgesamt sowie der Leistungserwartungen bestehen.

Bei einer *kriteriumsorientierten Bewertung* wird eine Lernleistung an einem gesetzten Standard gemessen.

→ *Beurteilung* → *Bildungsstandards* → *Klassenarbeit*

Bild

→ *Illustration*

Bildung · education · éducation *f.* · educación *f.*

Der Bildungsprozess verläuft nach Wilhelm von Humboldt (1767–1835) als Wechselwirkung zwischen dem Individuum, dem *Selbst*, und der Welt. Nicht im Gegensatz, sondern vielmehr in Fortführung dieses Konzepts wird Bildung heute als ein „nicht abschließbarer Selbstformungsprozess" (Baumert 2008: Was soll man unter Bildung verstehen? In: Die Deutsche Schule 1, 16–21) des Individuums verstanden. Schule bildet eine Instanz in diesem Prozess. Baumert weist folgende Kompetenzen als konstitutiv für Bildung aus:

- eine muttersprachliche Kompetenz
- eine mathematische Modellierungskompetenz
- die Beherrschung informationstechnischer Verfahren zur Wissenserschließung

- eine Kompetenz zur Selbstregulation des Wissenserwerbs (ebd.)

→ *Bildungsmonitoring* → *Bildungsziel* → *Kultur*

Maaser, Michael / Walter, Gerrit (Hrsg.) (2009), Bildung: Ziele und Formen, Traditionen und Systeme, Medien und Akteure. Stuttgart: Metzler.

Bildungsmonitoring · educational monitoring · monitorage de la formation *f.* · pilotaje educativo *m.*

Prozess der empirisch gestützten Gewinnung von Indikatoren zur Bildungsqualität in Ländern, Schulformen etc.

Die Kultusministerkonferenz hat eine Gesamtstrategie zum Bildungsmonitoring beschlossen, die folgende Instanzen vorzieht:

- Internationale Schulleistungsuntersuchungen
- zentrale Überprüfungen des Erreichens der Bildungsstandards
- Vergleichsarbeiten in Verbindung mit den Bildungsstandards
- Bildungsberichterstattung von Bund und Ländern.

Die Indikatoren können auf unterschiedlichen Ebenen (Schüler, Klasse, Schule, Schulform, Region usw.) erhoben werden. Sie bilden den Ausgangspunkt für politische Entscheidungen hinsichtlich der Weiterentwicklung eines Bildungssystems.

→ *Bildung* → *Input-Steuerung* → *Output-Steuerung*

Kultusministerkonferenz (Hrsg.) (2006), Gesamtstrategie der KMK zum Bildungsmonitoring. München: Wolters Kluwer.

Bildungsstandard · National Educational Standard · standard de formation *m.* · estándar educativo *m.*

Als Bildungsstandards werden in Deutschland administrative Vorgaben bezeichnet, die die wesentlichen Ziele pädagogischer Arbeit als erwünschte Lernergebnisse bzw. Kompetenzen der Lerner am Ende eines Lehrgangs festlegen. Im Unterschied zu Lehrplänen fokussieren sie nur Kernbereiche eines Faches. Für die Fächer Englisch und Französisch liegen länderübergreifende Bildungsstandards für den Lehrgang 1. Fremdsprache Hauptschulabschluss (9. Klasse) und den Mittleren Schulabschluss (10. Klasse) vor, die von den Kultusbehörden aller Bundesländer anerkannt wurden und angewendet werden. Die formulierten Regelstandards mit den Niveaustufen A2 für den Hauptschulabschluss sowie B1 für den Mittleren Bildungsabschluss orientieren sich an den Niveaubeschreibungen des Referenzrahmens. Die Bildungsstandards bilden auch die Grundlage für die flächendeckenden Lernstandserhebungen VERA.

→ *Bildungsmonitoring* → *Kompetenz* → *Niveaustufen*
→ *Regelstandard* → *Vergleichsarbeiten*

Kultusministerkonferenz (Hrsg.) (2004), Bildungsstandards für die erste Fremdsprache (Englisch/Französisch) für den Mittleren Schulabschluss. Beschluss der Kultusministerkonferenz v. 04.12.2003. Köln: Luchterhand.

Kultusministerkonferenz (Hrsg.) (2004), Bildungsstandards für die erste Fremdsprache (Englisch/Französisch) für den Hauptschulabschluss (Jahrgangsstufe 9). Beschluss der Kultusministerkonferenz v. 15.10.2004. Köln: Luchterhand.

Bildungsplan
→ *Lehrplan*

Bildungsziel · educational goal · objectif de formation *m.* · objetivo de aprentisaje *m.*
Die Fremdsprachen – wie die anderen Schulfächer auch – haben die Pflicht, über die Formulierung von Bildungszielen ihren Beitrag zur Bildung des Individuums deutlich zu machen und zu legitimieren. Mit Bezugnahme auf die Zieldimensionen von Bildung, nämlich *individuelle Regulationsfähigkeit, gesellschaftliche Teilhabe* und *Chancengleichheit,* kann man feststellen, dass Fremdsprachenkompetenzen ihren Teil dazu beitragen. Sie eröffnen dem Individuum z. B. die Wahl innerhalb einer größeren Bandbreite beruflicher Tätigkeiten, da sie die Rezeption internationaler Medien ermöglichen und dadurch die Chancen auf einem offenen Arbeitsmarkt verbessern.
→ *Bildung*

Bundesministerium für Bildung und Forschung (Hrsg.) (2003), Zur Entwicklung nationaler Bildungsstandards. Eine Expertise.

Bilingualismus · bilingualism · bilingualisme *m.* · bilinguismó *m.*
Bezeichnet sowohl die Praxis eines Sprechers, zwei Sprachen abwechselnd benutzen zu können, als auch die durch Sprachkontakt entstandene Situation des Vorhandenseins von zwei Sprachen in einer Gemeinschaft (Beispiel Kanada: Englisch und Französisch).

Man unterscheidet verschiedene Formen des Bilingualismus. Vom *simultanen* Bilingualismus spricht man, wenn das

Kind gleichzeitig zwei Sprachen begegnet. Dieser Fall liegt z.B. vor, wenn jeder Elternteil die Interaktion mit dem Kind in einer anderen Sprache führt. *Konsekutiver* Bilingualismus meint, dass ein Kind seine Sprachen nacheinander erwirbt.

Wenn ein Individuum seine Muttersprache zugunsten einer neuen Sprache vernachlässigt, wird dieses als *subtraktiver* Bilingualismus bezeichnet.

Additiver Bilingualismus liegt vor, wenn ein Individuum eine neue Sprache im Kindesalter ohne Beeinträchtigung oder Verlust der ersten Sprache erlernt.
→ *Bilingualunterricht*

Wei, Li (Hrsg.) (2000), The Bilingualism Reader. London: Routledge.

Bilingualunterricht · bilingual education · éducation bilingue *f.* · educación bilingüe *f.*

Die Verwendung einer Fremdsprache als Arbeitssprache im Unterricht eines Sachfaches wird als *Bilingualer Sachfachunterricht* bezeichnet. Die bevorzugten Sprachen sind Englisch und Französisch. Die Palette der Sachfächer reicht von Geografie und Geschichte bis hin zu Kunst, Physik, Biologie, Sport und Mathematik.

Sprachliche Zielsetzungen sind der Aufbau einer höheren Sprachkompetenz sowie einer erweiterten interkulturellen Kompetenz.

Form und Umfang des Angebots an bilingualem Sachfachunterricht variieren an den Schulen. Eine Ausprägung des bilingualen Ansatzes sind zeitlich begrenzte bilinguale Module mit einer spezifischen Thematik innerhalb des Fremdsprachenunterrichts. Ein anspruchsvolleres Angebot besteht in einem durchgehend in einer Fremdsprache erteilten Unterricht eines Sachfachs. Lerner, die dieses optionale Angebot wahrnehmen, erhalten in der Regel vor Beginn zwei Jahre verstärkten Fremdsprachenunterricht. Schließlich bieten einzelne Schulen bilinguale Züge oder Abteilungen an.

→ *Bilingualismus* → *Kompetenz*

Mentz, Olivier / Nix, Sebastian / Palmen, Paul (Hrsg.) (2007), Bilingualer Unterricht in der Zielsprache Französisch. Entwicklung und Perspektiven. Tübingen: Narr.

Blog · blog · blog *m.* · blog *m.*

Abkürzung für *Weblog* (Wortkreuzung aus engl. *World Wide Web* und *Log* für Logbuch). Es handelt sich um ein auf einer Webseite geführtes und damit öffentlich einsehbares Tagebuch oder Journal, das dem Autor (*blogger*) zur Darstellung von Aspekten des eigenen Lebens und Meinungen zu bestimmten Themen dient. Für den Fremdsprachenunterricht sind die Dokumente interessant, da sie einen authentischen, interaktiven Austausch von Informationen ermöglichen und den Einblick in Gedanken und Erfahrungen von Personen der zielsprachlichen Kultur bieten. Der Blog kann als Kommunikationsmedium dienen und Anlass zur Schriftproduktion in der Zielsprache sein.

→ *Authentizität* → *Kreativität* → *Text*

Bottom-up

→ *Sprachverarbeitung*

Clusterverfahren · clustering · regroupement *m.* · agrupamiento *m.*

Eine verbreitete Form der Datenreduktion, die in der Zusammenfassung von Einzeldaten und der Bildung von repräsentativen Profilen (*Clustern*) besteht. Die Zusammenfassung jeweils möglichst homogener, charakteristischer Merkmale einer Datenanalyse in einem Cluster in Verbindung mit einer auf diese Weise erzielten Heterogenität zwischen Clustern erlaubt eine ökonomische Klassifizierung und Gegenüberstellung von Daten.

C-Test · cloze test · cloze test *m.* · prueba cloze *f.*

C-Tests sind schriftliche Sprachtests zur Messung der allgemeinen Sprachkompetenz in einer Fremdsprache. Ein C-Test besteht aus mehreren authentischen Texten, die zusammen einen Umfang von ungefähr 70 Wörtern haben. Bei diesen Texten fehlt ab dem zweiten Satz bei jedem zweiten Wort die zweite Hälfte, die von dem Lerner zu ergänzen ist. Insgesamt enthält jeder Text circa 20 bis 25 Lücken. Das Testformat kommt u. a. beim *Bundeswettbewerb Fremdsprachen* zur Anwendung.

→ *Test*

Grotjahn, Rüdiger (Hrsg.) (2006), Der C-Test: Theorie, Empirie, Anwendungen. Frankfurt/Main: Lang.

DESI

Deutsch Englisch Schülerleistungen International ist der Projekttitel einer von der Kultusministerkonferenz initiierten Schulleistungsstudie, die das Ziel verfolgte, Daten zu den re-

zeptiven und produktiven Kompetenzen deutscher Schüler zu erheben. Im Anschluss an eine Validierungsphase erfolgte die Hauptuntersuchung in den Jahren 2003 und 2004 an 219 Schulen mit circa 10.600 Schülern.
→ *Bildungsmonitoring* → *Kompetenz* → *Vergleichsarbeiten*

Beck, Bärbel / Klieme, Eckhard (Hrsg.) (2007), Sprachliche Kompetenzen. Konzepte und Messung. DESI-Studie. Weinheim, Basel: Beltz.

Deskriptor · descriptor · descripteur *m.* · descriptor *m.*
Die Festlegung der vom Lerner zu erreichenden Endkompetenzen erfolgt durch die Angabe einer Niveaustufe (A2, B1, …) nach dem Referenzrahmen. Jeder Niveaustufe ist eine Beschreibung zugeordnet, die ausschließlich in positiven Formulierungen konkret angibt, was der Lerner auf dieser Niveaustufe sprachlich zu leisten imstande ist. Diese Beschreibung (*Kann-Beschreibung*) wird als Deskriptor bezeichnet. Deskriptoren können den Bezugspunkt bilden bei der Erstellung von Lern- und Testaufgaben, bei Rückmeldungen an Schüler und Eltern (Lernberatung) sowie bei der Selbstbeurteilung (Portfolio) oder Fremdbeurteilung durch Lehrende (Checkliste/Raster).
→ *Beurteilung* → *Kompetenz* → *Lernberatung*
→ *Niveaustufen* → *Referenzrahmen*

Differenzierung · differenciation · pédagogie différenciée *f.* · pedagogía diferenciada *f.*
Angesichts unterschiedlicher Voraussetzungen bezüglich der Lernbereitschaft sowie der abrufbaren Wissens-, Handlungs-

und Sozialkompetenzen der Lerner in einer Klasse ist es notwendig, in den Bereichen der Lektionseinführung sowie der Übungen und Aufgaben unterschiedliche Angebote vorzusehen, um mittels Diversifizierung des Lernmaterials sowie des Lernprozesses den individuellen Lernvoraussetzungen der Schüler Rechnung zu tragen. Heterogenität von Lerngruppen wird heute als positive, den Lernprozess bereichernde Gegebenheit angesehen.

→ *Lernaufgabe* → *Lernerorientierung* → *Lernstil*

Boller, Sebastian / Rosowski, Elke / Stroot, Thea (Hrsg.) (2007), Heterogenität in Schule und Unterricht: Handlungsansätze zum pädagogischen Umgang mit Vielfalt. Weinheim, Basel: Beltz.

E-Learning · e-learning · e-learning *m.* · e-learning *m.*

Form des Lernens, auch als *blended learning*, *online-learning* oder *enseignement à distance* bezeichnet, bei der der Computer und das Internet verwendet werden. Elektronische Medien ermöglichen den Zugriff auf authentisches Material und die Teilnahme an authentischen Interaktionen. Sie bieten dem Lerner die Möglichkeit zu einem selbstregulierten Lernen über den Unterricht hinaus.

Eine Variante ist die Videokonferenz, die die mündliche Interaktion zwischen Lernern an unterschiedlichen Lernorten ermöglicht.

→ *Authentizität* → *Blog*

Münchow, Sabine (Hrsg.) (2004), Computer, Internet & Co. im Französischunterricht. Berlin: Cornelsen.

Fähigkeit · capacity · capacité *f.* · aptitud *f.*

Fähigkeiten sind angeborene und erworbene grundlegende Anlagen, die es einem Menschen erlauben, bestimmte Handlungen zu vollziehen. Im Kompetenzbegriff verschmelzen Fähigkeiten und Fertigkeiten.

→ *Fertigkeit* → *Kompetenz*

Fallstudie · case study · étude de cas *f.* · estudio de caso *f.*

Je nach Kontext lassen sich zwei Bedeutungen unterscheiden. Im Bereich der fremdsprachendidaktischen Forschung wird die Fallstudie als empirischer Forschungsansatz eingesetzt. Einzelpersonen oder Gruppen werden mit einem Untersuchungsgegenstand konfrontiert und deren Verhaltensweisen werden in Rückbindung an vorher formulierte Forschungsfragen oder Hypothesen beschrieben und interpretiert. Die Generalisierbarkeit der im Rahmen einer Fallstudie gewonnenen Daten ist weder immer gewünscht noch möglich.

Im Kontext des Fremdsprachenunterrichts wird der Begriff wörtlich im Verständnis eines zu lösenden Falles verwendet. Fallstudien sind Lernaufgaben, die – in der Nähe zum projektorientierten Arbeiten – sowohl eine Problemlösung verlangen als auch mit einer Ergebnispräsentation verbunden sind.

→ *Aktionsforschung* → *Hypothese* → *Projektarbeit*

Yin, Robert, K. ([4]2009), Case study research: design and methods. Thousand Oaks: Sage Publications. (Applied Social Research Methods Series vol. 5)

Fehler · error/mistake · faute *f.*/erreur *f.* · falla *f.*/error *m.*

Im Prozess des Erlernens einer Fremdsprache werden vom Lerner Formen produziert, die nicht der gültigen Sprachnorm oder einer kulturellen Norm entsprechen. Fehlerhafte sprachliche Formen können im Bereich der Aussprache, der Orthografie, der Lexik und der Grammatik auftreten. Bei der Diagnose wird zwischen *Performanzfehlern* (*mistake*, *faute*, *falla*) und *Kompetenzfehlern* (*error*, *erreur*, *error*) unterschieden. Der erste Fehlertyp bezeichnet Fehler, die aufgrund von Unkonzentriertheit gemacht werden. Der Lerner verfügt aber über ein korrektes Wissen. Kompetenzfehler sind hingegen Fehler, bei denen der Lerner sich falsche Formen angeeignet hat. Insbesondere diese Fehler bedürfen der Korrektur und Therapie. Eine individuell angelegte Fehlerkartei kann dem Lerner helfen, wiederholt auftretende Fehler systematisch zu bearbeiten.

Verstöße gegen kulturelle und soziale Normen werden vielfach als schwerwiegendere Fehler für eine erfolgreiche Kommunikation angesehen. Authentische Handlungssituationen im Unterricht als Teil eines interkulturellen Lernens bilden wichtige Erfahrungsinstanzen für das Erkennen und die Reflexion kultureller Verstöße.

→ *Authentizität* → *Handlungsorientierung* → *Korrektur*
→ *Lernersprache*

Ellis, Rod / Barkhuizen, Gary (2005), Analyzing Learner Language. Oxford: Oxford University Press.

Astolfi, Jean-Pierre (1997), L'erreur, un outil pour enseigner. Issy-les-Moulineaux: ESF Editeur.

Fertigkeit · skill · aptitude *f.* · destreza *f.*

Fertigkeiten sind durch Übung herausgebildete Verhaltensweisen, die das Individuum bei der Lösung von Aufgaben einsetzt. Im Kompetenzbegriff verschmelzen Fertigkeiten und Fähigkeiten.

→ *Fähigkeit* → *Kompetenz*

Film · film · film *m.* · film *m.*

Das Medium als mehrkanaliges Produkt eignet sich zur Schulung der kommunikativen Kompetenz des Hörsehverstehens.

Als Dokument der Zielsprachenkultur bietet der Film außerdem einen geeigneten Gegenstand für ein interkulturelles Lernen. Vor allem in der vergleichenden Analyse zwischen dem literarischen Ausgangstext, verbunden mit einem interaktiven Ansatz, und der filmischen Umsetzung lassen sich im fortgeschrittenen Unterricht literatur- und filmästhetische Merkmale sowie Aspekte ihrer Rezeption erarbeiten.

→ *Hörsehverstehen*

Bienk, Alice (2006), Filmsprache: Einführung in die interaktive Filmanalyse. Marburg: Schüren.

Fossilierung · fossilization · fossilisation *f.* · fossilización *f.*

Stagnation beim Spracherwerb. Der Lerner macht keine weiteren Fortschritte, sondern verharrt auf einem einmal erreichten Sprachniveau. Gründe für eine Fossilierung können u.a. ein Motivationsverlust oder eine Unterforderung sein.

→ *Motivation* → *Spracherwerb*

Fragebogen · questionnaire · questionnaire *m.* · cuestionario *m.*
Instrument zur Datenerhebung im Rahmen empirischer Forschungsarbeiten. Wichtige Voraussetzung ist die Formulierung der Forschungsfragen oder Untersuchungshypothesen. Überlegungen zur formalen und thematischen Strukturierung des Fragebogens beziehen sich auf den Fragentyp (offene/geschlossene Fragen), auf die Antwortformate (*ja* oder *nein / stimme zu* oder *stimme nicht* zu) sowie ihre Skalierung und auf den Grad der Allgemeinheit der Fragen.

Wichtig im Zusammenhang mit der Fragebogenerstellung sind die Überlegungen zur Anzahl der Probanden, die Überprüfung der Validität des Fragebogens durch einen Pretest sowie Überlegungen zur Frage der späteren Auswertung.
→ *Hypothese*

Porst, Rolf (2008), Fragebogen. Ein Arbeitsbuch. Wiesbaden: VS Verlag.

Freiarbeit · individualized instruction · travail de recherche autonome *m.* · método Freinet *f.*
Methodisches Prinzip des offenen Unterrichts. Es geht zurück auf die pädagogischen Ansätze Freinets und Montessoris. In seinen unterschiedlichen Umsetzungen räumt es entweder dem Lerner eine weitgehende Selbstorganisation seines Lernprozesses ein oder eröffnet ihm die Möglichkeit, selbst aus einem Materialangebot sein Material und die damit einhergehende Lernaufgabe auszuwählen. Wesentliche Anliegen sind die Förderung der Persönlichkeitskompetenz und der Selbstorganisation der Lerner.
→ *Lernerorientierung*

Körting, Anika (2008), Die Maria-Montessori-Pädagogik und die Entwicklung sowie Verwendung von Freiarbeitsmaterialien im Französischunterricht. Münster: LiT.

Fremdbeurteilung
→ *Beurteilung*

Fremdverstehen · ■ · compréhension de l'autre *f.* · comprehension de otro *f.*
Teilziel eines interkulturellen Lernens im Unterricht. Über die sprachliche Kompetenz hinaus wird von dem Lerner ein Perspektivwechsel hinsichtlich der zielkulturellen Gegebenheiten verlangt. Selbstreflexion, die Wahrnehmung sowie die gedankliche Auseinandersetzung mit Elementen eines neuen (ziel)kulturellen Bezugssystems bilden die Grundlage für ein Verstehen der kulturellen Gegebenheiten des Zielsprachenlandes und seiner Menschen.
→ *Kompetenzbereich* → *Lernen (Interkulturelles L.)* → *Metakognition*

*Bredella, Lothar (*Hrsg.) (2007), Fremdverstehen und Interkulturelle Kompetenz. Tübingen: Narr (Giessener Beiträge zur Fremdsprachendidaktik).

Gedächtnis
→ *Arbeitsgedächtnis* → *Langzeitgedächtnis*

Grammatik · grammar · grammaire *f.* · gramática *f.*

Das Wort Grammatik hat im Kontext des schulischen Fremdsprachenunterrichts unterschiedliche Interpretationen und zahlreiche Konnotationen. Neben der linguistischen Definition eines *Systems von Regeln einer Sprache* wird das Wort Grammatik noch für die *Bezeichnung eines Lernmaterials* („Vergesst nicht, morgen die Grammatik mitzubringen!") verwendet oder als Metonym für den *Inhalt einer Unterrichtstunde*, in der die Erarbeitung eines grammatischen Phänomens, z. B. die Adjektivveränderung, im Mittelpunkt steht.

Nach einer Zeit, in der die Grammatikarbeit den Fremdsprachenvermittlungsprozess dominierte, wird Grammatik heute in den länderübergreifenden Bildungsstandards unter der Rubrik *Verfügung über sprachliche Mittel* verzeichnet. Damit wird ein Grammatikverständnis vertreten, das die Grammatik als einen das sprachliche Handeln unterstützenden Bereich ausweist.

Methodisch kann man bei der Grammatikarbeit folgende Verfahren unterscheiden: ein *deduktives* Verfahren (von der Regel zum Beispiel), ein *induktives* Vorgehen (vom Beispiel zur Regelformulierung) und einen *kommunikativen, entdeckenen* Grammatikansatz, der den Lernern die Möglichkeit zum aktiven Entdecken der sprachlichen Regularität gibt.

→ *Handlungsorientierung* → *Kompetenzbereich*

Düwell, Henning / Gnutzmann, Claus / Königs, Frank G. (Hrsg.) (2006), Dimensionen der Didaktischen Grammatik. Festschrift für Günther Zimmermann zum 65. Geburtstag. Bochum: AKS-Verlag.

Gütekriterien
→ *Objektivität* → *Realibilität* → *Validität*

Handlungsorientierung · action-orientated approach · approche actionnelle *f.* · enfoque orientado a la acción *f.*
Handlungsorientierung hat als Ausgangspunkte den aktiven Lerner und eine in einem sozialen Kontext eingebettete Aktivität, die das Potenzial für das Einbringen eigener Ideen und die Möglichkeiten für ein kognitives und kreatives Verhalten bietet.

Die die Aktivität des Lernens auslösenden Aufgaben orientieren sich an der zielsprachlichen Realität und ermöglichen das Erproben von Sprache in einem zielsprachennahen situativen Kontext. Das Sprachliche Ergebnis/Produkt handlungsorientierten Arbeitens wird in seiner Qualität stärker nach der erfolgreichen Handlung als nach formalsprachlichen Gesichtspunkten beurteilt.
→ *Lernerautonomie* → *Lernerorientierung* → *Projektarbeit* → *Rollenspiel* → *Stationenlernen*

Abendroth-Timmer, Dagmar/Breidbach, Stephan (Hrsg.) (2001), Handlungsorientierung und Mehrsprachigkeit: Fremd- und mehrsprachliches Handeln in interkulturellen Kontexten. Frankfurt/Main: Lang.

Hausaufgaben · homework · devoirs *m.pl.* · deberes *m.pl.*
Mündliche oder schriftliche Aufgaben, die vom Lerner eigenständig außerhalb des Unterrichts zu bearbeiten sind. Die Bedeutung der Hausaufgaben im Fremdsprachenunterricht wird

kontrovers diskutiert. Einerseits wird anerkannt, dass die Zahl der Unterrichtsstunden in der Schule allein nicht ausreichend ist, um zu guten Lernergebnissen zu kommen. Aus pädagogischer Sicht werden Hausaufgaben als Möglichkeit der Förderung eines individuellen, eigenverantwortlichen und selbst organisierten Arbeitens angesehen.
Andererseits sind zu berücksichtigen:

- die hohe zeitliche Belastung der Lerner durch außerschulische Aktivitäten,
- die Chancenungleichheit (Zugriff auf Lernhilfen, Lernumgebung) im häuslichen Umfeld,
- die zeitlichen Probleme einer individuellen Rückmeldung auf die Schülerleistung im Unterricht.

Hemisphären · cerebral hemispheres · hémisphères *f.pl.* · hémisphéricas *f.pl.*

Das Großhirn (Neokortex) setzt sich aus der rechten und der linken Gehirnhälfte (Hemisphäre) zusammen. Beide Teile sind durch die Zentralfurche getrennt. Die Hemisphären arbeiten unabhängig voneinander und haben unterschiedliche Funktionen. Die linke Gehirnhälfte mit Arealen von Broca und Wernicke ist auf die Verarbeitung der Sprachinformationen spezialisiert, während eine ganzheitliche Wahrnehmung, Emotionen und Kreativität in der rechten Gehirnhälfte verortet werden. Bildgebende Verfahren zeigen aber auch, dass beide Regionen an der Sprachproduktion beteiligt sind.
→ *Arbeitsgedächtnis* → *Langzeitgedächtnis*

Hörsehverstehen · audiovisual comprehension · compréhension audio-visuelle *f.* · comprensión audiovisual *f.*

Kompetenz, die Voraussetzung zur gelungenen Rezeption von mehrfach codierten Produkten (Werbeanzeigen, Filme, ...) ist. Der Einsatz von Filmsequenzen bietet ein hohes Motivationspotenzial. Der besondere Anspruch liegt in der Verarbeitung komplexer Zeichensysteme zur Bedeutungserschließung.

Beim Einsatz von Filmdokumenten ist zu bedenken, dass die Einführung eines Besprechungsvokabulars sowie die Einübung von Techniken eines mehrkanaligen Lernens notwendig sind. Der Vorgang des Hörsehverstehens ist ein interaktiver Vorgang, bei dem die vorhandenen Wissensstrukturen des Lerners mit neuen Wissensstrukturen in Kontakt kommen.

→ *Kompetenz* → *Kompetenzbereich* → *Film*

Hörverstehen · listening comprehension · compréhension orale *f.* · comprensión oral *f.*

Hörverstehen ist in den länderübergreifenden Bildungsstandards eine der fünf funktionalen kommunikativen Kompetenzen. Ihr kommt eine besondere Bedeutung zu, da gutes Hören Voraussetzung für korrektes Sprechen ist. Die Komplexität des Hörverstehens zeigt sich, wenn man es in die konstitutiven Aktivitäten unterteilt. Hörverstehen verlangt:

- die Perzeption der gesprochenen Sprache,
- die Bedeutungsinterpretation der sprachlichen Elemente,
- die (Re-)Konstruktion der Sprechintention sowie der Kommunikationsfunktion.

In der Literatur wird übereinstimmend auf die Notwendigkeit hingewiesen, das Hörverstehen in drei Phasen zu organisieren.

Eine Einstimmungsphase (1. Phase) hat die Funktion, das enzyklopädische Vorwissen sowie den Wortschatz des Hörtextes zu aktivieren. Das Hören selbst (2. Phase) sollte aufgabengeleitet sein. Die dritte Phase im Anschluss an das Hören ist der Aufgabenbesprechung, dem Austausch von Hörverstehenstechniken oder weiterführenden Aufgaben vorbehalten.
→ *Kompetenzbereich*

Rouibah, Aïcha (2000), Entendre à lire. Approche cognitive des traitements phonologique et sémantique. Grenoble: Presses Universitaires.

Hypothese · hypothesis · hypothèse *f.* · hipótesis *f.*
In der umgangssprachlichen Verwendung eine Annahme über einen Sachverhalt. *Wissenschaftliche Hypothesen* beschreiben einen gesetzmäßigen Zusammenhang von Ursache und Wirkung eines Sachverhalts. Sie postulieren einen Zusammenhang zwischen Variablen in Form von *Wenn-dann-Aussagen*. Die Gültigkeit *wissenschaftlicher Hypothesen* wird empirisch überprüft.
→ *Aktionsforschung* → *Fallstudie* → *Fragebogen*

Illustration · illustration · illustration *f.* · illustracion *f.*
Illustrationen sind Einheiten, die vorwiegend als ikonische Zeichen und in der Form von Zeichnungen, Fotos, Karikaturen, Grafiken und Schaubildern im Lernmaterial, also z. B. im Schülerbuch eines Lehrwerks auftreten. Sie bilden neben dem verbalen Code ein zweites Zeichen- und Wahrnehmungssystem. Die Beziehungen zwischen diesen Systemen sind vielfältig.

Im Unterricht kommen den Illustrationen vor allem folgende Funktionen zu:

- Semantisierungsfunktion,
- Vermittlung landeskundlich-interkultureller Information,
- Motivierungsfunktion.

→ *Authentizität* → *Lehrwerk* → *Medien*

Reinfried, Markus (1992), Das Bild im Fremdsprachenunterricht. Tübingen: Narr.

Immersion · immersion · immersion *f.* · inmersión *f.*
Immersion bezeichnet ein methodisches Verfahren, das vor allem im früh beginnenden Fremdsprachenunterricht eingesetzt wird. Ausgangspunkt ist die Annahme, dass der Fremdsprachenerwerb identisch zum Erwerb der Muttersprache verläuft. Der Sprachenlerner wird in ein *Sprachbad* getaucht, d.h. er erlebt und erwirbt die Fremdsprache im Vollzug des Handelns in einer fremdsprachigen Umgebung.
→ *Bilingualunterricht* → *Methode*

Bürgi, Heidi (2007), Im Sprachbad: besseres Englisch durch Immersion; eine Evaluation zweisprachiger Ausbildungsgänge an drei kantonalen Gymnasien in der Schweiz. Bern: hep.

Inferenz · inference · inférence *f.* · inferencia *f.*
Bezeichnet im Prozess der Sprachverarbeitung ein vorausblickendes Erschließen sowohl formaler als auch inhaltlicher Elemente. Der Prozess des *Inferierens* ist eine wichtige kognitive

Aktivität, die zur Ausbildung prozeduralen Wissens und Weltwissens führt und die bei der Arbeit mit literarischen Texten produktiv zur Anwendung kommt.
→ *Kognition*

Innovation · innovation · innovation *f.* · innovación *f.*
Bezeichnet erstens das Ergebnis der Verbesserung eines als unvollkommen erkannten Produktes oder einer als unbefriedigend eingeschätzten Situation. Zweitens wird der Begriff für die Beschreibung eines Prozesses verwendet, der auf die Kreation eines neuen Produkts bzw. einer neuen Situation abzielt.

Merkmale dieser Innovationsprozesse sind ihr evolutionärer, interaktiver und kumulativer Charakter. Das implizite und explizite Wissen aller Beteiligten wird einbezogen.

Bergmann, Gustav / Daub, Jürgen ([2]2008), Systemisches Innovations- und Kompetenzmanagement. Grundlagen – Prozesse – Perspektiven. Wiesbaden: Gabler.

Input-Steuerung · input-orientated learning · orientation sur l'input *f.* · input del aprendizaje *m.*
Bis zur Veröffentlichung der (enttäuschenden) Ergebnisse der PISA-Studie zu Beginn des 21. Jahrhunderts ging man davon aus, dass die Qualität des Unterrichts, auch des Fremdsprachenunterrichts, durch staatliche Maßnahmen und Vorgaben (z. B. Lehrerausbildung, Lehrpläne, Prüfungsrichtlinien, Lehr- und Lernmaterial) sicherzustellen sei. Dieses Prinzip der Input-Steuerung wurde durch eine Output-Orientierung, also durch

eine Orientierung des Unterrichts auf dem Wege der Formulierung der zu erwartenden Endkompetenzen, abgelöst. Die Entwicklung der länderübergreifenden Bildungsstandards zeigt die bildungspolitische Entscheidung zur Ausrichtung an dem Prinzip der Output-Orientierung.
→ *Bildungsmonitoring* → *Bildungsstandards*
→ *Output-Steuerung*

Institut zur Qualitätsentwicklung im Bildungswesen (IQB)
Das Institut zur Qualitätsentwicklung im Bildungswesen an der Humboldt-Universität Berlin ist eine wissenschaftliche Einrichtung der Länder der Bundesrepublik Deutschland. Primärer Auftrag des IQB ist die Normierung, Illustration und Weiterentwicklung der Bildungsstandards. Im IQB werden diese mithilfe von Aufgaben (Lernaufgaben und Testaufgaben) konkretisiert. Außer der Arbeit an den länderübergreifenden Bildungsstandards verfolgt das IQB Forschungsaufgaben im Bereich der Lehr-/Lernforschung, der Evaluation und der Pädagogischen Diagnostik. Informationen und Veröffentlichungen unter www.IQB.hu-berlin.de
→ *Kompetenz* → *Test*

Interaktion · interaction · interaction *f.* · interacción *f.*
Bezeichnet soziale Wechselbeziehungen zwischen zwei oder mehreren Personen. Verbale und nicht-verbale Systeme bilden die Grundlage für einen bewusst intendierten Austausch von Informationen. *Exolingual* wird eine Interaktion bezeichnet, bei der die handelnden Personen ein unterschiedliches Ni-

veau in der Sprachkompetenz haben. Kennzeichen einer *intralingualen* Interaktion ist, dass es zwar leichte Unterschiede in der Sprachkompetenz gibt, diese aber nicht als bedeutsam oder störend empfunden werden.

→ *Kompetenz*

Mackey, Alison (Hrsg.) (2007), Conversational interaction in second language acquisition: a collection of empirical studies. Oxford: Oxford University Press.

Interferenz · interference · interférence *f.* · interferencia *f.*

Bezeichnet eine negative Auswirkung einer Lernübertragung. Eine *proaktive Interferenz* wird durch eine Aktivität ausgelöst, die der eigentlichen Lernaufgabe vorausgeht und die sich aufgrund ihrer Struktur oder ihrer Intensität negativ auf die Folgeaufgabe auswirkt. Von einer *retroaktiven Interferenz* wird dann gesprochen, wenn der eigentlichen Lerntätigkeit eine Aufgabe folgt, die eine Aktivierung des Gelernten behindert.

→ *Transfer*

Interimssprache

→ *Lernersprache*

Interkomprehension · intercomprehension · intercompréhension *f.* · intercomprensión *f.*

Der Begriff bezeichnet die Fähigkeit von Sprachenlernern, Elemente einer Fremdsprache zu verstehen, ohne dass sie diese

Sprache systematisch gelernt haben. Auf dem Wege der Aktivierung eines allgemeinen und spezifischen sprachlichen Wissens gelingt es ihnen, insbesondere bei strukturverwandten Sprachen, z. B. den romanischen Sprachen, mittels Transfer Wortbedeutungen und grammatische Strukturen zu verstehen.

→ *Bilingualunterricht* → *Mehrsprachigkeit*

Klein, Horst, G. / Rutke, Dorothea (Hrsg.) (2004), Neuere Forschungen zur Europäischen Interkomprehension. Aachen: Shaker.

Internet

→ *E-Learning* → *Medien*

Intertextualität · intertextuality · intertextualité *f.* · intertextualidad *f.*

Bezeichnet die strukturelle Bezugnahme eines Textes auf einen anderen Text. Eine Werbeanzeige für einen französischen Likör arbeitet mit dem Slogan „Le rouge et le soir". Für den kundigen Leser ist der Bezug auf den Roman von Stendhal „Le rouge et le noir" erkennbar.

Die Verwendung bekannter Leitmotive, die stilistische Nachahmung einer Textvorlage, das Auftreten von Personen bzw. Personennamen aus anderen Texten sind weitere Formen von Intertextualität.

→ *Leseverstehen* → *Text*

Olsen, Ralph (Hrsg.) (2006), Intertextualität und Bildung – didaktische und fachliche Perspektiven. Frankfurt / Main u. a.: Lang.

Interview · interview · interview *f.* · entrevista *f.*

Befragungsinstrument in empirisch angelegten Forschungsarbeiten zur Verifizierung bzw. Falsifizierung von Hypothesen. *Standardisierte Interviews* zeichnen sich dadurch aus, dass die Formulierung der Fragen, der Interviewablauf sowie die Antwortmöglichkeiten präzise festgelegt (*standardisiert*) sind. Bei qualitativ angelegten Forschungsarbeiten kommen vorwiegend *halbstandardisierte* oder *offene* bzw. *unstrukturierte Interviews* zum Einsatz, die mit Gesprächsleitfäden arbeiten und die dem individuellen Antwortverhalten der Befragten eine größere Bedeutung beimessen.

→ *Aktionsforschung* → *Fragebogen* → *Hypothese*

Helfferich, Cornelia (2005), Die Qualität qualitativer Daten: Manual für die Durchführung qualitativer Interviews. Wiesbaden: VS Verlag.

Item · item · item *m.* · ítem *m.*

Der Begriff bezeichnet erstens Aussagen in einem Fragebogen oder zweitens Einzelfragen zu einer Testaufgabe mit einem Stimulus. Geläufige Itemformate können als geschlossene (multiple choice, Zuordnungsaufgaben, Umformungsaufgaben), als halboffene (Kurzantwort, Lückentext) oder als offene Aufgabenformate (Ergänzungsaufgabe, freie schriftliche Sprachproduktion) auftreten.

→ *Test*

Klassenarbeit · class test · interrogation écrite *f.* · composición *f.*
Schriftliche Form der Leistungsfeststellung in einer Klasse. Ihre Anzahl und Dauer werden ministeriell festgelegt.
Die Klassenarbeit bezieht sich in der Regel auf Lernstoff des zeitlich vorangegangenen Unterrichtsgeschehens und hat eine komplexe diagnostische Funktion. Sie erlaubt einerseits der Lehrkraft einen Einblick, inwieweit der Lernprozess und damit der Unterricht erfolgreich waren. Sie ermöglicht andererseits dem Lerner selbst zu erkennen, ob er über die Wissens- und Handlungskompetenzen verfügt, die zum Problemlösen der Aufgaben notwendig sind. Schließlich sind die Ergebnisse von Klassenarbeiten für Eltern eine Instanz, um sich ein Bild vom Lernfortschritt des Kindes zu machen. Im Zuge von Individualisierung und Lernerautonomie werden andere Formate, wie z.B. Facharbeiten oder Portfolios, künftig die Bedeutung der Klassenarbeit als Diagnose- und Rückmeldeinstanz relativieren. Auch die Hinwendung zur Mündlichkeit als Leitprinzip des Sprachunterrichts wird die Rolle der schriftlichen Klassenarbeiten verändern.
→ *Mündlichkeit* → *Sprachenportfolio*

Kodierung · encoding · codage *m.* · encodaje *m.*
Begriff, der im Zusammenhang mit dem Einsatz von standardisierten Tests zur Leistungsmessung steht. Um dem Kriterium der Objektivität zu entsprechen, müssen eindeutige Vorgaben zur Beurteilung der Lernerleistung gegeben werden. Beispiel: Eine Schülerlösung zu einer halboffenen Frage kann mit den Kodes 1 (richtig) oder 0 (falsch) kodiert werden, wobei mit den Ziffern eindeutige Lösungshinweise verbunden sind. Diese

Hinweise sind als Aussagen zu formulieren, die es jedem (geschulten) Prüfer ermöglichen, richtige von falschen Lösungen zu unterscheiden.
→ *Beurteiler* → *Item* → *Test* → *Testtheorie*

Kognition · cognition · cognition *f.* · cognición *f.*
Mit dem Begriff *Kognition* werden alle mentalen Prozesse eines Individuums bezeichnet. Für den Lernprozess bilden Kognitionen die Grundlage des Denkens, des Problemlösens und der Informationsverarbeitung. Kognitionen sind veränderbar und durch Emotionen beeinflussbar.

Lamberts, Koen / Goldstone, Robert L. (2005), The Handbook of Cognition. London: Sage Publications.

Kognitivismus · cognitivism · cognitivisme *m.* · cognitivismó *m.*
In deutlicher Abkehr vom Behaviorismus, der das Lernen als imitativen, auf einem Reiz-Reaktions-Schema beruhenden Prozess versteht, nimmt der lerntheoretische Ansatz des Kognitivismus seinen Ausgangspunkt beim Lerner und seinen individuellen geistigen Fähigkeiten. Kognitives Lernen ist ein Lernen, das zwar von außen beeinflusst wird, das aber vom Lerner selbsttätig unter Einbeziehung seines Verstandes geleistet wird.
→ *Behaviorismus* → *Kognition* → *Konstruktivismus*
→ *Lernen*

Robinson, Peter (Hrsg.) ([3]2007), Cognition and second language instruction. Oxford: Oxford University Press.

Kohärenz · coherence · cohérence textuelle *f.* · coherencia textual *f.*
Als wichtiges Element der Textstruktur bezeichnet dieser Begriff die inhaltliche Verzahnung von Textelementen und ihren Bezug zur außersprachlichen Welt. Die Elemente (Interaktionsmuster, sprachliche Ausdrücke, die Themenfelder ankündigen wie *hinsichtlich, concerning, au sujet de, concernant, respecto de*) müssen vom Leser in dem Kontext verstanden und rekonstruiert werden, um zum Textverständnis zu gelangen.
→ *Kohäsion* → *Text*

Kohäsion · cohesion · cohésion textuelle *f.* · cohesión textual *f.*
Der Begriff bezieht sich auf die Art und Weise, wie Elemente des Textes miteinander verbunden sind. Textkohäsion entsteht einerseits durch grammatische und semantische Abhängigkeiten (temporale Bezüge, Nomen – Pronomen, Verwendung von Synonymen), andererseits durch die Organisation der Information (Abfolge von bekannter und neuer Information).
→ *Kotext* → *Text*

Kollokation · collocation · collocation *f.* · colocación *f.*
Bevorzugtes, erwartbares Zusammenauftreten mehrerer Wörter wie z. B. *den Tisch decken, do the dishes, écrire une lettre, tener problemas.* Die Arbeit mit Kollokationen ist ein wichtiges Feld der Wortschatzarbeit.

→ *Redewendung*

Kommunikation
→ *Sprache*

Kompetenz · competence · compétence *f.* · competencia *f.*
Die im Fremdsprachenunterricht traditionelle Unterscheidung zwischen *Fähigkeit* und *Fertigkeit* ist in der Nachfolge des Europäischen Referenzrahmens sowie der Bildungsstandarddiskussion durch den Begriff Kompetenz ersetzt worden. Kompetenzen sind kognitiv verankerte Fähigkeiten und Fertigkeiten, die Individuen beim erfolgreichen Problemlösen einsetzen. In Kompetenzen sind Wissen und Können gebündelt. Der Kompetenzbegriff schließt die Bereitschaft und den Willen zur Problemlösung ein. Die in den Bildungsstandards ausgewiesenen Kompetenzen und Teilkompetenzen werden durchgehend mittels sogenannter *Kann-Beschreibungen* expliziert. Dies bedeutet, dass in den *Deskriptoren* ausschließlich positiv formuliert wird, was der Lerner auf einem bestimmten Niveau, z.B. beim Leseverstehen, können soll. Das Erreichen eines Anforderungsniveaus wird im Bereich der funktionalen kommunikativen Kompetenzen mittels Testaufgaben evaluiert. Offen ist bislang, wie eine Evaluation der schwer messbaren Kompetenzen in den Kompetenzbereichen *Interkulturelle Kompetenz* und *Methodische Kompetenz* erfolgen kann.
→ *Bildungsstandard* → *Deskriptor* → *Fähigkeit* → *Fertigkeit*
→ *Referenzrahmen*

Zydatiß, Wolfgang (2005), Bildungsstandards und Kompetenzniveaus im Englischunterricht. Konzepte, Empirie, Kritik und Konsequenzen. Frankfurt/Main u. a.: Lang.

Frederking, Volker (Hrsg.) (2008), Schwer messbare Kompetenzen. Herausforderungen für die empirische Fachdidaktik. Baltmannsweiler: Schneider

Kompetenzbereich · competence dimension · domaine de compétence *m.* · ámbito de competencia *m.*

Die länderübergreifenden Bildungsstandards für die 1. Fremdsprache Französisch weisen für den Fremdsprachenunterricht drei Kompetenzbereiche aus: die funktionale kommunikative Kompetenz, die interkulturelle Kompetenz sowie die methodi-

Funktionale kommunikative Kompetenzen	
Kommunikative Fertigkeiten	**Verfügung über die sprachlichen Mittel**
▸ Hör- und Hör-/Sehverstehen ▸ Leseverstehen ▸ Sprechen – an Gesprächen teilnehmen – zusammenhängendes Sprechen ▸ Schreiben ▸ Sprachmittlung	▸ Wortschatz ▸ Grammatik ▸ Aussprache und Intonation ▸ Orthografie

Interkulturelle Kompetenzen
▸ soziokulturelles Orientierungswissen ▸ verständnisvoller Umgang mit kultureller Differenz ▸ praktische Bewältigung interkultureller Begegnungssituationen
Methodische Kompetenz
▸ Textrezeption (Leseverstehen und Hörverstehen) ▸ Interaktion ▸ Textproduktion (Sprechen und Schreiben)
▸ Lernstrategien ▸ Präsentation und Mediennutzung ▸ Lernbewusstheit und Lernorganisation

sche Kompetenz. Innerhalb jedes Kompetenzbereichs werden weitere Kompetenzen ausgewiesen.

→ *Bildungsstandard* → *Kompetenz* → *Referenzrahmen*

Tesch, Bernd/Leupold, Eynar/Köller, Olaf (2008), Bildungsstandards Französisch: konkret Sekundarstufe I: Grundlagen, Aufgabenbeispiele, Unterrichtsanregungen. Berlin: Cornelsen.

Konstrukt · construct · construct *m.* · construct *m.*

Konstrukte sind Begriffe für Sachverhalte, die nur mittelbar erschlossen werden können. Beispiele für Konstrukte sind *Intelligenz, Kompetenz, Selbstorganisation, Motivation* oder *Qualität*.

Konstrukte werden in der Testtheorie auch als latente Variablen bezeichnet, also als Einheiten, die nicht direkt beobachtbar sind. Aussagen zu Konstrukten können empirisch folglich nur auf dem Wege der Bezugnahme auf Indikatoren, also manifester Variablen, gemacht werden.

→ *Fragebogen* → *Interview* → *Test*

Konstruktivismus · constructivism · constructivisme *m.* · constructivismo *m.*

Erkenntnistheoretischer Ansatz, der Aussagen über die Art und Weise macht, wie sich der Mensch Weltwissen aneignet. In seiner Bedeutung für den Lehr-/Lernprozess lassen sich folgende Aussage machen. Der Lerner wird nicht als reaktives Individuum angesehen, dem Wissen beigebracht wird, sondern als ein aktiv handelnder Mensch. Jegliche Realität ist das Ergebnis subjektiver mentaler Konstruktionen, und die menschliche Erkenntnis erfolgt auf der Grundlage eines selbst referentiellen Systems.

Lernende erwerben Wissen auf der Basis von individuellen Wirklichkeitskonstruktionen.

Empirische Forschungsergebnisse zeigen, dass gemäßigt konstruktive Lernarrangements günstige Wirkungen bezüglich der Selbstorganisation des Lernens auslösen.

→ *Handlungsorientierung* → *Kognitivismus*

Reich, Kersten (2006), Konstruktivistische Didaktik. Lehr- und Studienbuch mit Methodenpool. Weinheim, Basel: Beltz.

Kontext · context · contexte *m.* · contexto *m.*

Bezeichnet das situative Umfeld, in dem eine Äußerung stattfindet und deren Berücksichtigung erst zu einer sinnvollen Interpretation führt.

Die Äußerung in einem Telefongespräch: „Je t'entends très mal." kann unterschiedlich verstanden werden. Erst die Verkehrsgeräusche, die der Hörer im Hintergrund vernimmt, ermöglichen die Interpretation der Aussage.

→ *Kohärenz* → *Kotext*

Korrektur · correction · correction *f.* · correctión *f.*

Die sprachliche und inhaltliche Korrektur von Schüleräußerungen ist als Element einer Rückmeldekultur ein unverzichtbarer und zugleich sensibler Aufgabenbereich im Unterricht. Die Korrektur bezieht sich in dem Verständnis nicht nur auf defiziente, also von der Norm abweichende Formen, sondern auch – positiv verstärkend – auf gelungene sprachliche Lerneräußerungen (Positivkorrektur).

Die kompetente und differenzierte Rückmeldung auf schriftliche und mündliche Lerneräußerungen ist sowohl für den Lernfortschritt als auch für die Ausbildung des Sprachbewusstseins unverzichtbar. Pädagogisches Geschick ist notwendig, um das Ausmaß, die Form sowie den Zeitpunkt der Korrektur zu bestimmen.

Es muss das Anliegen der Lehrperson sein, den Lerner gedanklich in den Korrekturprozess einzubinden und die Mitschüler bei der Korrekturaufgabe zu beteiligen.

→ *Fehler* → *Lernersprache* → *Motivation*

Havranek, Gertraud (2002), Die Rolle der Korrektur beim Fremdsprachenlernen. Frankfurt/Main: Lang.

Korrelation · correlation · correlation *f.* · correlación *f.*

Beschreibt den statistischen Zusammenhang zwischen zwei oder mehr Variablen. Man unterscheidet positive (je größer … desto mehr) und negative Korrelationen (je größer … desto weniger). Die Korrelation kann mathematisch berechnet werden. Der so ermittelte Korrelationskoeffizient kann einen Wert zwischen -1 und +1 annehmen.

Eine positive Korrelation lässt erkennen, dass hohe Werte einer Variablen hohen Werten einer anderen Variablen entsprechen. Korrelationskoeffizienten bis .5 beschreiben geringe Korrelationen, .5–.7 mittlere und ab .7 hohe Korrelationen. Allerdings sind diese allgemeinen Interpretationen abhängig vom Untersuchungsgegenstand.

Bei einer Korrelation von 0 besteht kein Zusammenhang zwischen den Variablen.

→ *Variable*

Kotext · cotext · cotexte *m.* · cotexto *m.*

Bezeichnet die sprachliche Umgebung einer linguistischen Einheit.

Beispiel aus einem Brief: „Je viens de passer mes vacances chez Paul. Il est mon copain que je connais depuis longtemps."

Das Personalpronomen *il* kann nur durch das Element des Kotextes *Paul* verstanden werden.

→ *Kohäsion* → *Kontext*

Kreativität · creativity · créativité *f.* · creatividad *f.*

Phasen eines kreativen, offenen Umgangs mit Sprache(n) sind – abgesehen von dem Motivationspotenzial – ein wichtiges Element zur Entwicklung der Wissensbereiche des Referenzrahmens. Entsprechende Lernaufgaben, die Raum für einen autonomen, handlungsorientierten Umgang mit Sprache geben, ermöglichen divergentes Denken, d.h. ein Denken in viele Richtungen, und leisten damit einen Beitrag zur Kreativitätsförderung.

→ *Aufgabenorientierung* → *Lernerautonomie* → *Lernspiel* → *Motivation*

De Bono, Edward (1992), Serious Creativity. The McQuaig Group Inc. Frz. Übersetzung (2004), La boîte à outils de la créativité. Paris: Ed. d'organisations.

Kultur · culture · culture *f.* · cultura *f.*

Das Kulturverständnis von J.G. Herder, Kultur kugelförmig oder als Insel zu denken, und eine Deckungsgleichheit zwischen einer Nation und ihrer Kultur zu postulieren, wird heute durch Arbeiten zur Transkulturalität infrage gestellt. Anstelle dieser Metaphern für das Konzept der Kultur wird das Bild eines Gewebes gesetzt, das in der Folge unterschiedlicher Migrationsbewegungen, wechselseitiger ökonomischer Abhängigkeiten sowie weltweiter Kommunikationssysteme vielschichtig ist und folglich als *hybrid* charakterisiert wird.

→ *Bildung* → *Lernen (Interkulturelles L.)* → *Landeskunde*

Reich, Hans H. / Holzbrecher, Alfred / Roth, Hans-Joachim (Hrsg.) (2000), Fachdidaktik interkulturell. Ein Handbuch. Opladen: Leske & Budrich.

Landeskunde · regional and cultural studies · civilisation *f.* · civilización *f.*

Fremdsprachenunterricht zielt seit jeher auf die Vermittlung von Sprache und Kultur des Zielsprachenlandes ab. Die zuletzt genannte Zieldimension ist unter dem Begriff *Landeskunde* bekannt. Die Intentionen der Landeskundearbeit fanden im Laufe der Zeit ihren Ausdruck in unterschiedlichen Konzepten:

- Realienkunde (ab Ende des 19. Jahrhunderts)
- Kulturkunde (nach dem 1. Weltkrieg)
- Volkstumskunde (NS-Zeit)
- Landeskunde mit kulturkundlichem Ansatz (nach dem 2. Weltkrieg)
- Landeskunde mit interkultureller Orientierung (Stuttgarter Thesen 1982)

Gegenwärtig kann man zwei fachdidaktische Positionen unterscheiden: Erstens die Ansicht, dass die Landeskunde weiter ein gesonderter Zielbereich neben dem Zielbereich *Interkulturelles Lernen* darstellt, und zweitens die Ansicht, dass landeskundliche Arbeit integrativer Teil eines *Interkulturellen Lernens* von Beginn des Sprachunterrichts an ist.

→ *Bildung* → *Kompetenzbereich* → *Kultur* → *Lernen*

Langzeitgedächtnis · long term memory · mémoire à long terme *f.* · memoria a largo plazo *f.*

Das Langzeitgedächtnis speichert Informationen über lange Zeit. Die Schaltstelle, die über die Langzeitspeicherung entscheidet, ist der Hippocampus. Das Langzeitgedächtnis besteht aus zwei Subsystemen, dem impliziten und dem expliziten Gedächtnis. Das implizite Gedächtnis ist Speicher für verbale, motorische und kognitive Automatismen.

Im expliziten Gedächtnis sind autobiografische Erlebnisse sowie Inhalte in Form von Fakten, Wörtern, die wir bewusst abrufen können, gespeichert.

→ *Arbeitsgedächtnis* → *Lernen*

Hermann, Christoph / Fiebach, Christian ([2]2007), Gehirn und Sprache. Frankfurt / Main: Fischer TB.

Lehrplan · syllabus/curriculum · programme scolaire *f.* · programma *m.*

Länderspezifische Lehrgangsvorgaben für einzelne Fächer und Lernstufen, über die staatliche Stellen bildungspolitischen Einfluss auf einzelne Fächer nehmen. Lehrpläne haben (rechts)verbindlichen Charakter.

In der Folge des Europäischen Referenzrahmens und der länderübergreifenden Bildungsstandards auf der einen Seite sowie zunehmender Autonomie der Schulen auf der anderen, beschränken sich Lehrpläne heute im Zuge der Output-Orientierung als Rahmenpläne oder Kernlehrpläne in der Regel auf die Festlegung von Inhalten und zu erreichenden Niveaustufen am Ende bestimmter Phasen innerhalb des Lehrgangs. Methodische Hinweise werden nicht gegeben. Die Fachkollegen der Einzelschule konkretisieren die länderspezifischen Vorgaben durch Handlungsvorgaben in einem schulinternen Curriculum.

→ *Bildungsstandard* → *Referenzrahmen* → *Output-Steuerung*

Lehrwerk · textbook · méthode *f.* · manual de pedagogía *m.*

Das Lehrwerk ist im mehrfachen Sinn ein Leitmedium im Fremdsprachenunterricht. Es bietet der Lehrkraft eine Strukturvorgabe für den Lehrgang und die Unterrichtsstunde. Es gibt dem Lerner eine Orientierung für das zu bewältigende und bewältigte Lernpensum pro Stunde und für das Schuljahr. Und es ermöglicht den Eltern, den Fortgang des erteilten Unterrichts zu verfolgen.

Zentrales Element jedes Lehrwerks ist das Schülerbuch. Um die Schülerbücher herum gruppieren sich folgende Lehr- und Lernmaterialien:

Begleitende *Lehrmaterialien*	Begleitende *Lernmaterialien*
- Lehrerhandbuch	- Grammatisches Beiheft
- Overheadfolien	- Lernaufgabenheft
- Software	- Vokabellernheft
	- Audio-CD mit Texten, Gedichten, Ausspracheübungen
	- Lernsoftware auf CD-ROM

Die Entscheidung für die obligatorische Anschaffung von Materialien über das Schülerbuch hinaus bzw. der Hinweis auf einzelne zusätzliche Elemente des Lehrwerks liegt bei der Lehrperson.

→ *Authentizität* → *Illustration*

Bausch, Karl-Richard / Christ, Herbert / Königs, Frank G. / Krumm, Hans-Jürgen (Hrsg.) (1999), Die Erforschung von Lehr- und Lernmaterialien im Kontext des Lehrens und Lernens fremder Sprachen. Tübingen: Narr.

Lernaufgabe · task · tâche d'apprentissage *f.* · tarea *f.*

Eine Aufgabe ist ein von der Lehrperson vorgegebener oder vom Lerner selbst bestimmter Lernanlass. Mit Berücksichtigung der Prinzipien der Lernerorientierung und der Handlungsorientierung soll eine Lernaufgabe einen Lernanlass bieten, der offen für eine kooperative Entscheidungsfindung ist, der mit einer Aufforderung zu realen kommunikativen Aktivitäten verbunden ist, die den Lerner kognitiv und affektiv fordern, der den Einsatz unterschiedlicher Kompetenzen verlangt und der eine prozessorientierte Arbeit mit dem Ziel einer Produktpräsentation verbindet. Bei Lernaufgaben hat die Inhaltsdimension Vorrang vor dem Gesichtspunkt der formalen Richtigkeit.

Im Gegensatz zu Lernaufgaben sind Testaufgaben der Leistungsmessung einzelner Kompetenzen vorbehalten. Sie müssen vor allem den Kriterien entsprechen, die für Tests gelten.

→ Test → Übung

Nunan, David (2004), Task-Based Language Teaching. Cambridge u. a.: Cambridge University Press.

Lernberatung · didactic coaching · coaching *m.* · consejo *m.*

Wichtige Aufgabe der Unterrichtenden hinsichtlich des Lerners selbst bzw. der Erziehungsberechtigten. Die Lernberatung des Lerners bezieht sich u. a. auf die Organisation des Lernprozesses, die Ausformung von Lerntechniken und Lernstrategien sowie das Aufzeigen von Lernangeboten außerhalb der Schule. Die Beratung der Erziehungsberechtigten gibt Hinweise zur häuslichen Lernbegleitung des Lerners.

→ *Lernen* → *Lernstrategien* → *Lerntechniken* → *Motivation*

Lernen · learning · apprentissage *m.* · aprendizaje *m.*

Lernen ist ein aktiver, vom Individuum verantworteter Prozess. Es ist ein Aneignungsvorgang, bei dem der Lerner das Gelernte rekonstruiert.

Lernen ist immer ein sozialer Prozess und Lernen ist immer situiertes Lernen, weil es in Kontexten erfolgt, in denen Menschen miteinander interagieren. Man unterscheidet folgende Arten des Lernens:

- *Explizites Lernen*

  Der Lerner verfolgt bewusst eine Lernabsicht. Seine Aufmerksamkeit ist auf den Lerngegenstand und den Lernprozess gerichtet.

- *Implizites Lernen*

  Die Aktivität des Lerners ist auf den Lerngegenstand gerichtet. Er ist sich der Einbindung in eine Lernaktivität bewusst, ohne dass er genau sagen könnte, was gelernt werden soll.

- *Inzidentelles Lernen*

  Der Lerner nimmt in Situationen des Alltags beiläufig Informationen auf, ohne dass er sich des Lerngegenstands bzw. der Lernaktivität bewusst ist. Es wird auch als *Lernen en passant* bezeichnet.

- *Deklaratives Lernen*
  Der Lerner eignet sich Sachwissen an, das sich auf Vokabeln, Gegenstände, Personen, Regeln u.a. bezieht. Es hat als Ziel das Wissen *was*.
- *Prozedurales Lernen*
  Damit wird das Lernen bezeichnet, das sich auf den Erwerb eines Handlungswissens als Voraussetzung für eine Problemlösung bezieht. Es hat als Ziel das Wissen *wie*.
- *Interkulturelles Lernen*
  Kompetenzbereich des Fremdsprachenunterrichts, der sich aus der Landeskunde entwickelt hat. Ziel des interkulturellen Lernens sind sowohl das Erkennen der Andersartigkeit des Anderen als auch das Infragestellen und die Bereicherung der eigenen Identität durch Elemente der Zielsprachenkultur.
- *Transkulturelles Lernen*
  Der Ansatz zielt auf ein Verstehen anderer kultureller Gegebenheiten ab. Im Unterschied zum Interkulturellen Lernen, das oft Kultur A und Kultur B vergleicht, wird Kultur nicht als homogene und in sich abgeschlossene Einheit gesehen, sondern als ein vielschichtiges Gewebe, das Einflüsse unterschiedlicher kultureller Merkmale aufweist.

→ *Aufgabenorientierung* → *Bildung* → *Kultur* → *Landeskunde* → *Lernklima*

Roth, Gerhard / Spitzer, Manfred / Caspary, Ralf (2008), Lernen und Gehirn: Der Weg zu einer neuen Pädagogik. Freiburg: Herder.

Lernerautonomie · learner autonomy · autonomie de l'apprenant *f.* · autonomía del alumno *f.*

Ein Anliegen des Unterrichts in der Schule ist es, Lerngelegenheiten anzubieten, die es dem Lerner erlauben, seinen Lernprozess selbst zu organisieren, zu steuern und zu evaluieren. Die Ausbildung der Lernerautonomie in diesem Verständnis setzt voraus, dass dem Lerner die Möglichkeit gegeben wird, Lernstrategien zu entwickeln, Lerntechniken anzuwenden und Beurteilungsparameter auszubilden, die es ihm ermöglichen, seine Lernanstrengung und -investition mit seinem Lernertrag in Beziehung zu setzen.

Für den modernen Fremdsprachenunterricht bildet diese Dimension, begünstigt vor allem durch den Einsatz des Sprachenportfolios, ein konstitutives Element.

→ *Freiarbeit* → *Lernerorientierung* → *Lernstrategie* → *Sprachenportfolio*

Schmenk, Barbara (2008), Lernerautonomie. Karriere und Sloganisierung des Autonomiebegriffs. Tübingen: Narr.

Lernerorientierung · learner centredness · orientation sur l'apprenant *f.* · enfoque en el alumno *m.*

Lernerorientierung ist ein wichtiger Parameter bei der Unterrichtsplanung und -durchführung. Das didaktische Prinzip findet seine Begründung in folgenden Erkenntnissen. Lerner verfügen erstens – ungeachtet des Alters, in dem sie den Sprachlernprozess aufnehmen – über affektive Dispositionen und kognitive Wissensstrukturen bezüglich der Fremdsprache und dem Zielsprachenland. Lernerorientierung bedeutet in diesem Fall also, sich ein Bild dieser individuellen affektiven und kognitiven Voraussetzungen auf Lernerseite zu machen und sie in der Wahl von Themen/Inhalten sowie bei methodischen Verfahren im Unterricht zu berücksichtigen.

Lerner verfügen zweitens über Lernstrategien und Lerntechniken, die als Anknüpfungspunkte für den Prozess des Lehrens und Lernens neuer Strukturen im Unterricht genutzt werden können.

Lerner besitzen drittens unterschiedliche Persönlichkeitsdispositionen, die durch ein handlungsorientiertes und die Eigenaktivität förderndes Lernarrangement im Unterricht zur Geltung gebracht werden können.
Lernerorientierung bedeutet hingegen nicht, sich am Niveau des schwächsten oder leistungsstärksten Schülers zu orientieren.

→ *Lernstrategien* → *Lerntechniken* → *Lernstil*
→ *Projektarbeit*

Lernersprache · interlanguage · interlangue *f.* · interlengua *f.*

Theorieansatz, nach dem die Lerner im Erwerbsprozess systematisch verschiedene Stadien durchlaufen, die als individuelle Varietäten des zu erwerbenden Systems angesehen werden. Die Kompetenzentwicklung vollzieht sich auf dem Wege einer kontinuierlichen Reorganisation und Erweiterung des bestehenden Systems.

→ *Korrektur* → *Lernen* → *Fehler*

Vogel, Klaus (1990), Lernersprache. Tübingen: Narr.

Lernklima · classroom climate · ambiance d' apprentissage *f.* ambiente de aprentisaje *m.*

Forschungsergebnisse zeigen die Auswirkungen des Lernklimas für den Lehr- und Lernprozess. Determinanten des Klimas sind das Organisationsklima in der Schule, die Größe und Geschlechterzusammmensetzung einer Klasse sowie die Unterrichtspraktiken von Unterrichtenden (Art der Klassenführung, bevorzugte Unterrichtsmethoden, Instruktionsverfahren).

Ein positives Unterrichtsklima fördert die Zufriedenheit der Schüler mit der Schule, steigert ihre Freude am Schulbesuch und trägt dazu bei, dass die Anwesenheit in der Schule emotional positiv besetzt ist.

Schüler in einer positiven Lernumwelt arbeiten im Unterricht intensiver mit, stören seltener den Unterricht und zeigen weniger Schulangst.

Wirkungen des Lernklimas haben Bedeutung für den langfristigen Aufbau von günstigen Einstellungen und Dispositionen zum Sprachenlernen auf Lernerseite.

→ *Motivation*

Lernspiel · educational game · jeu éducatif *m.* · juego educativo *m.*

Lernspiele erfüllen wichtige motivationale und pädagogische Anliegen im Fremdsprachenunterricht. Es sind Phasen, in denen die Fremdsprache nicht ausgeblendet wird, in denen aber der Fokus nicht in erster Linie auf dem sprachlichen Kompetenzzuwachs des Lerners liegt, sondern in denen ein Aktivitätswechsel hin zu einem kooperativen, entspannten, benotungsfreien Umgang mit der Zielsprache erfolgt.

Lernspiele zeichnen sich aus durch:

- die Berücksichtigung emotionaler und kreativer Elemente,
- den sanktionsfreien Umgang mit Sprache,
- den impliziten Appell an das Wissen und das Sprachbewusstsein und
- die individuelle und/oder gemeinschaftliche Arbeit an der Problemlösung.

→ *Kreativität* → *Lernklima* → *Motivation*

Leupold, Eynar (2007), Spielerische Aktivitäten im Französischunterricht. Rätsel, Lieder, Reime, Spiele. Seelze: Kallmeyer.

Lernstil · learning style · style d'apprentissage *m.* · estilo de aprendizaje *m.*

Die Kenntnis des bevorzugten Lernstils eines Lerners bildet eine wichtige Orientierung für ein lernerorientiertes Arbeiten im Unterricht.

Es gibt zahlreiche Ansätze, Lernstile zu klassifizieren. Folgende Merkmalspaare ermöglichen eine erste Orientierung und Identifizierung der Lerner:

- Analytischer Stil vs. Globaler Stil
- Reflexivität vs. Impulsivität
- Ambiguitätstoleranz vs. Ambiguitätsintoleranz
- Visueller Lerner vs. Auditiver Lerner vs. Kinästhetisch-taktiler Lerner

→ *Lernerorientierung*

Roche, Thomas (2006), Investigating learning style in the foreign language classroom. Berlin u. a.: Langenscheidt.

Lernstrategie · learning strategy · stratégie d'apprentissage *f.* · estrategia de aprentisaje *f.*

Als Lernstrategie wird der mentale Plan zur Aufgabenlösung bezeichnet. Die konkrete Umsetzung erfolgt mittels allgemeiner *Arbeitstechniken* und aufgabenspezifischer *Lerntechniken*. In der Literatur wird zwischen *direkten* und *indirekten* Strategien unterschieden. Erstere umfassen Gedächtnisstrategien, kognitive Strategien und Kompensationsstrategien, während metakognitive Strategien, affektive Strategien und soziale Strategien zu der zweiten Gruppe gerechnet werden.

→ *Arbeitstechnik* → *Kognition* → *Lernen* → *Lerntechnik* → *Wörternetz*

Mandl, Heinz / Friedrich, Helmut Felix (2007), Handbuch Lernstrategien. Göttingen u. a.: Hogrefe.

Lerntechnik · learning technique · technique d'apprentissage *f.* · técnica de aprentisaje *f.*

Lerntechniken sind die konkreten Arbeitsschritte im Zusammenhang mit der Umsetzung einer Lernstrategie. Der mentale Plan, einen Text zu schreiben, findet seine Realisierung u. a. in der Gliederung und der Argumentation des Textes.

→ *Arbeitstechnik* → *Lernstrategie* → *Metakognition*

Griffiths, Carol (Hrsg.) (2008), Lessons from good language learners. Cambridge: Cambridge University Press.

Lernziel · educational objective · objectif d'apprentissage *m.* · objetivo de aprentisaje *m.*

Unter Berücksichtigung der durch die Bildungsstandards festgelegten zu erreichenden Endkompetenzen am Ende eines Lehrgangs gilt es, für die einzelnen Unterrichtseinheiten und Unterrichtsstunden Lernziele zu formulieren, die als Einzelbausteine einen Beitrag zum Aufbau der Kompetenzen in den ausgewiesenen Kompetenzbereichen leisten. Neben dieser kompetenzorientierten Lernzielsetzung sind weitere Lernziele zu formulieren, die sich z. B. auf den Aufbau von Sozialkompetenzen oder die Stärkung der Motivation beziehen.

→ *Bildungsstandard* → *Kompetenzbereich*

Leseverstehen · literacy · compréhension écrite *f.* · comprensión escrita *f.*

Eine der fünf funktionalen kommunikativen Kompetenzen, die in den länderübergreifenden Bildungsstandards ausgewiesen werden. Leseverstehen ist eine komplexe Fertigkeit, deren grundlegende Komponenten enzyklopädisches Wissen, deklaratives sowie prozedurales Wissen bilden. Das Leseverstehen wird als ein interaktiver und konstruktiver Prozess verstanden, bei dem gespeichertes Wissen des Lerners in Bezug zu den neuen Informationen des Textes gesetzt werden. Eine wichtige Rolle beim Textverstehen spielen verfügbare Wissensroutinen aus Alltagssituationen, sogenannte Schemata.

→ *Kompetenzbereich* → *Inferenz* → *Lernstrategie* → *Schema*

Biebricher, Christine (2008), Lesen in der Fremdsprache. Eine Studie zu Effekten extensiven Lesens. Tübingen: Narr.

Mediation
→ *Sprachmittlung*

Medien · media · médias *m.pl.* · medios *m.pl.*
Medien, verstanden als nicht-personale Hilfsmittel im Unterricht, sind im Fremdsprachenunterricht für den Lehr- und Lernprozess unverzichtbar. Sie leisten einen wichtigen Beitrag, um

- die geografische Distanz zwischen dem Lernort und dem Zielsprachenland zu überbrücken,
- den Lehr- und Lernprozess zu stützen und
- die Motivation für das Fach zu stärken.

Eine gut dosierte, gezielt funktional begründete Verwendung eines Mediums in einer reichen Lernumgebung kann eine positive Auswirkung auf das Lernen haben.
→ *Authentizität* → *Blog* → *E-Learning*

Overmann, Manfred (2002), Multimediale Fremdsprachendidaktik. Frankfurt/Main: Lang.

Mehrsprachigkeit · plurilingualism · plurilinguisme *m.* · plurilinguismo *m.*
Das Konzept der Mehrsprachigkeit hat eine bildungspolitische und eine fachdidaktische Dimension.

Bildungspolitisch geht die Forderung nach Mehrsprachigkeit auf eine Publikation der Europäischen Kommission aus dem Jahre 1995 zurück, in der die Mehrsprachigkeit nicht nur als ein wesentliches Element europäischer Identität und Zugehörigkeit bezeichnet wird, sondern das auch die Forderung nach der Beherrschung von drei Sprachen von jedem Bürger der Europäischen Gemeinschaft (Muttersprache und zwei weitere Sprachen) enthält.

Die didaktische Dimension findet ihren Ausdruck in der *Mehrsprachigkeitsdidaktik*. Grundidee des Konzepts ist ein Sprachenlernen, das sich nicht auf eine (Fremd-)Sprache beschränkt, sondern dass die Bezugnahme auf mehrere Sprachen favorisiert und die Vorkenntnisse der Lernenden bei der Spracharbeit einbezieht. Auf diese Weise wird die Sprach(en)bewusstheit gestärkt und Erfahrungen mit kultureller Fremdheit ermöglicht.

→ *Interkomprehension* → *Sprachbewusstheit*

Anstatt, Tanja (Hrsg.) (2007), Mehrsprachigkeit bei Kindern und Erwachsenen. Erwerb, Formen, Förderung. Tübingen: Attempo Verlag.

Messfehler

→ *Testtheorie*

Metakognition · metacognition · métacognition *f.* · metacognición *f.*

Bezeichnet das Denken und Wissen über eigene kognitive Operationen. Einer metakognitiven Kompetenz kommt eine große Bedeutung für erfolgreiches Lernen zu. Sie ist z.B. für

den gezielten Einsatz von Lernstrategien und Lerntechniken beim Problemlösen sowie in der Phase der Selbstbeurteilung einer Problemlösung wichtig. Erfolgreiche Lerner verfügen über eine gute metakognitive Kompetenz.
→ *Beurteilung* → *Kognition* → *Lernstrategie* → *Lerntechnik*

Methode · teaching method · approche didactique *f.* · método *m.*
Im schulischen Fremdsprachenunterricht wurden über die Jahrhunderte verschiedene Methodenkonzepte praktiziert, die unter dem Einfluss von Erkenntnissen wissenschaftlicher Nachbardisziplinen entstanden. Diese großen Methodenansätze markieren jeweils bestimmte Epochen der Sprachvermittlung in der Schule. Daneben sind in außerschulischen Kontexten Methodenansätze entstanden, die als *alternative Methoden* bezeichnet werden (Suggestopädie, Total Physical Response, Psychodramaturgie u. a.).

In der Gegenwart besteht kein homogenes, allgemein akzeptiertes Methodenkonzept für den Fremdsprachenunterricht. Didaktische Prinzipien wie Lerner-, Handlungs- und Prozessorientierung bilden den Rahmen für bestimmte methodische Schritte. Man unterscheidet folgende Methoden:

- *Audiolinguale/Audioorale Methode*
  Methode, bei der die vier sprachlichen Fertigkeiten (Hören, Sprechen, Lesen, Schreiben) ausgebildet werden, die mündliche Kommunikationsfertigkeit jedoch dominiert. Wichtig ist die Abfolge der zu aktivierenden Fertigkeiten vom Hören über das aktive Sprechen, bevor dann mit dem Lesen und Schreiben der Übergang zur Schriftsprache erfolgt. Umfangreiche Strukturübungen nach dem Reiz-Reaktions-

Schema gelten als wichtiger Bestandteil des Unterrichts und von der strukturalistischen Sprachbeschreibungstheorie wie von dem Behaviorismus beeinflusst.

- *Audiovisuelle Methode*
  Methodisches Verfahren der 70er-Jahre des letzten Jahrhunderts unter Verwendung von Filmen bzw. Filmstreifen zusammen mit auf Tonträgern gespeicherten Hörtexten. Die Parallelität von visueller und auditiver Information sollte den Eindruck der Situativität der Sprache verstärken und das Behalten verbessern.
- *Direkte Methode*
  Sprachvermittlungsansatz, dessen charakteristisches Merkmal der totale Ausschluss der Muttersprache im Unterricht war. Der Ansatz spielt heute keine Rolle mehr.
- *Grammatik-Übersetzungs-Methode*
  Methodisches Verfahren aus dem Beginn der Fremdsprachenunterweisung in der Schule (19. Jahrhundert), das in Anlehnung an die Methodik der *Alten Sprachen* entstand. Im Unterricht wurden auf der Grundlage literarischer Texte ausschließlich eine kontrastive grammatische Analyse sowie die Übersetzung praktiziert.
- *Kommunikative Methode*
  Weniger der Bezug auf das Sprachsystem als vielmehr die Orientierung an der Sprechsituation (*Linguistische Pragmatik*) führten zu einem methodischen Verfahren, bei dem der Sprachlehr- und -lernprozess sich an der authentischen Kommunikation orientierte. Offene Übungen zur Ausbildung der sprachlichen Fertigkeiten boten Gelegenheiten zu einer selbsttätigen Sprachverwendung.

→ *Lernen* → *Suggestopädie*

Puren, Christian (1996), Histoire des méthodologies de l'enseignement des langues. Paris: Clé International-Nathan.

Howatt, A.P.R. / Widdowson, H.G. (2004), A History of English Language Teaching. Oxford, New York: Oxford University Press.

Mindeststandard · minimum standard · standard minimum *m.* · estándar mínimo *m.*

Mindeststandards weisen eine Kompetenzstufe als Mindestanforderung eines Lehrgangs aus, die von allen Lernern verbindlich zu erreichen ist und hinter die kein Lerner zurückfällt.

→ *Bildungsstandard* → *Kompetenz* → *Niveaustufen* → *Regelstandard*

Mittelwert · mean · valeur moyenne *f.* · punctuación media *f.*

Ergibt sich aus der mathematischen Berechnung des Durchschnitts aller Messwerte einer Variablen.

→ *Testtheorie*

Motivation · motivation · motivation *f.* · motivación *f.*

Auf Gardner/Lambert (1959, 1972) geht die Unterscheidung von *Instrumenteller Motivation* und *Integrativer Motivation* beim Spracherwerb zurück. Ein Sprachenlerner mit einer *instrumentellen Motivation* verbindet – vereinfacht dargestellt – mit dem Erlernen der Sprache die Erwartung, dass diese Kompetenz ihm später nützlich sein kann, z.B. bei der Wahl oder Ausübung eines Berufes. Das Konzept der *Integrativen Moti-*

vation beruht auf einem Interesse für die Kultur des Zielsprachenlandes. Sprachkompetenz in der betreffenden Sprache ermöglicht das Erleben einer Nähe, ein Vertrautwerden mit dem Land, seinen Menschen und seiner Kultur.

Nach Dörnyei / Csizér / Németh (2006) speist sich Lernermotivation aus drei Komponenten (*Motiven*):

- dem Wunsch, eine spezielle Sprache zu lernen, um die Diskrepanz zwischen einem aktuellen und einem als ideal angesehenen Zustand zu überwinden,
- der Überzeugung, es gehöre dazu, eine Sprachkompetenz in der Einzelsprache zu besitzen und
- der Erwartung einer (positiven) Lernerfahrung im Zusammenhang mit der Lernumgebung.

Im Unterricht selbst ist unterrichtliches Handeln auf Lehrerseite immer mit der Absicht bzw. der Erwartung verbunden, den Lernprozess des Lerners positiv zu beeinflussen. Das Ausloben von Gratifikationen oder die Androhung von Sanktionen sind Formen der *extrinsischen Motivation*, die vermutlich nur punktuell und zeitlich begrenzt gute Lernerfolge hervorbringen.

Intrinsische Motivation, also eine vom Individuum aus eigenem Antrieb entwickelte Lernaktivität, wird durch die Erwartung einer größeren Autonomie, einem Zuwachs an Kompetenz sowie sozialer Anerkennung durch Dritte ausgelöst und wirkt sich besonders positiv auf den Lernprozess aus.

→ *Kreativität* → *Lernen* → *Lernklima* → *Lernspiel*
→ *Zertifikat*

Küppers, Almut / Quetz, Jürgen (Hrsg.) (2006), Motivation Revisited. Festschrift für Gert Solmecke. Berlin: LIT.

Mündlichkeit · orality · oralité *f.* · oralidad *f.*

Der Europäische Referenzrahmen und die Festlegungen in den Bildungsstandards begünstigen den Aspekt der mündlichen Sprachverwendung im Unterricht. Die Umsetzung im Unterricht bedeutet eine klare Betonung der mündlichen Kompetenzen in anwendungsorientierten Lernaufgaben sowie ihre angemessene Gewichtung bei der Beurteilung.

→ *Beurteilung* → *Kompetenz* → *Referenzrahmen*
→ *Schriftlichkeit*

Musik · music · musique *f.* · música *f.*

Unverzichtbares Element im Fremdsprachenunterricht zur Stärkung der Lernermotivation, zur Unterstützung der Kompetenzausbildung in den Bereichen Aussprache und Intonation im Anfangsunterricht und als Inhalt im fortgeschrittenen Unterricht. Mit der Einbettung musikalischer Texte in eine thematische Unterrichtseinheit bietet sich ein fächerübergreifender Zugang an.

→ *Aussprache* → *Bewegungsgeschichte* → *Kompetenz*

Wicke, Rainer E. (2000), Grenzüberschreitungen. Der Einsatz von Musik, Fotos und Kunstbildern im Deutsch-als-Fremdsprache-Unterricht in Schule und Weiterbildung. München: Iudicum.

Niveaustufen · proficiency levels · niveaux de performance m.*pl.* · niveles de referencia *m.pl.*

Die Idee, die Sprachbeherrschung im Kompetenzbegriff zu fassen und unterschiedliche Niveaus anzusetzen, findet sich im

Referenzrahmen. Es werden sechs Niveaus angesetzt, von denen jeweils zwei Niveaus eine Stufe bilden. Die Anordnung folgt in Zweierschritten, beginnend mit dem niedrigsten Niveau der Sprachkompetenz, das mit A1 bezeichnet wird, bis hin zu dem höchsten Niveau C2. Jedes Niveau entspricht einem bestimmten Grad der Sprachbeherrschung des Lerners, d.h. der Lernerkompetenz.

	Schriftliche Produktion allgemein
C2	Kann klare, flüssige, komplexe Texte in angemessenem und effektivem Stil schreiben, deren logische Struktur den Lesern das Auffinden der wesentlichen Punkte erleichtert.
C1	Kann klare, gut strukturierte Texte zu komplexen Themen verfassen und dabei die entscheidenden Punkte hervorheben, Standpunkte ausführlich darstellen und durch Unterpunkte oder geeignete Beispiele oder Begründungen stützen und den Text durch einen angemessenen Schluss abrunden.
B2	Kann klare, detaillierte Texte zu verschiedenen Themen aus seinem/ihrem Interessengebiet verfassen und dabei Informationen und Argumente aus verschiedenen Quellen zusammenführen und gegeneinander abwägen.

Europarat (2001): Gemeinsamer Europäischer Referenzrahmen für Sprachen: lernen, lehren, beurteilen. München: Langenscheidt, S. 67

▼

B1	Kann unkomplizierte, zusammenhängende Texte zu mehreren vertrauten Themen aus seinem/ihrem Interessengebiet verfassen, wobei einzelne kürzere Teile in linearer Abfolge verbunden werden.
A2	Kann eine Reihe einfacher Wendungen und Sätze schreiben und mit Konnektoren wie und, aber oder weil verbinden.
A1	Kann einfache, isolierte Wendungen und Sätze schreiben.

→ *Bildungsstandard* → *Kompetenz* → *Mindeststandard*
→ *Referenzrahmen* → *Regelstandard*

Timm, Johannes-Peter (Hrsg.) (2006), Fremdsprachenlernen und Fremdsprachenforschung: Kompetenzen, Standards, Lernformen, Evaluation. Festschrift für Helmut Johannes Vollmer. Tübingen: Narr.

Objektivität · objectivity · objectivité *f.* · objectividad *f.*

Gütekriterium eines Tests, das sich auf die Durchführung, die Auswertung und auch die Interpretation der Ergebnisse bezieht. Objektivität bedeutet z.B., dass die Beurteilung eines Testergebnisses nicht in Abhängigkeit von der Person des Beurteilers variiert.

→ *Beurteiler* → *Kodierung* → *Test*

Output-Steuerung · output-orientated learning · orientation sur l'output *f.* · output del aprendizaje *m.*

Bildungspolitische Entscheidung, die Qualität des Unterrichts an dem Ergebnis der erreichten Kompetenzen am Ende eines Lehrgangs über klar formulierte Standards zu überprüfen.

→ *Bildungsmonitoring* → *Bildungsstandards* → *Input-Steuerung* → *Kompetenz* → *Mindeststandard* → *Regelstandard* → *Test*

Rupp, André A. / Vock, Miriam / Harsch, Claudia / Köller, Olaf (2008), Developing Standards-based Assessment Tasks for English as a First Language. Context, Processes and Outcomes in Germany. Münster: Waxmann.

Pilotierung · piloting · pilotage *m.* · pilotaje *m.*

Phase der Erprobung von Testaufgaben mit einer begrenzten Anzahl von Probanden einer Zielgruppe, die repräsentativ für die Probanden ist, die den Test bearbeiten. Ziel ist es, einen ersten Einblick in die Qualität der Testaufgaben zu erhalten, Informationen zu gewinnen, die z. B. die Verständlichkeit und Schwierigkeit der Aufgabenstellung betreffen und über die Lösungen der Probanden konkrete Hinweise für die Kodieranweisungen zu erhalten.

→ *Kodierung* → *Test*

Projektarbeit · project work · travail sur projet *m.* · trabajo por proyectos *m.*

Projektarbeit bzw. projektorientiertes Arbeiten ist ein Methodenansatz, der die besondere Chance zur Umsetzung eines handlungs-, lerner- und aufgabenorientierten Ansatzes bietet.

Projektarbeit ermöglicht das Zusammenführen von isoliert ausgebildeten Kompetenzen, Variation in den Sozialformen, die Öffnung hin zu einem selbst organisierten Arbeiten und die abschließende Reflexion sowohl des Arbeitsprozesses als auch des Arbeitsergebnisses. In der partiellen Kooperation zwischen leistungsschwachen und leistungsstärkeren Lernern sowie zwischen Jungen und Mädchen werden wichtige soziale Anliegen des Fremdsprachenunterrichts realisiert.

→ *Aufgabenorientierung* → *Freiarbeit*

Hoffmann, Sabine (2008), Fremdsprachenlernprozesse in der Projektarbeit. Tübingen: Narr. (Giessener Beiträge zur Fremdsprachendidaktik).

Progression · progression · progression *f.* · progresión *f.*

Der Begriff bezeichnet die Auswahl und Stufung von sprachlichen Lerninhalten und Lernmaterialien zur Strukturierung des Sprachlehr- und -lernprozesses. Konkurrierend zum Begriff *Progression* haben im Verlauf der didaktischen Diskussion Begriffe wie *gradation* im Französischen, *grading* im Englischen und *Stufung* im Deutschen Verwendung gefunden.

Ursprünglich auf das Sprachsystem bezogen, beruhte die Progression auf einer linearen Abfolge (*vom Leichten zum Schweren*) der Lerninhalte. Dieses Modell wurde zunehmend durch eine *Spiralprogression* abgelöst. Dies bedeutet, dass die

Lerninhalte wiederkehrend zu unterschiedlichen Zeitpunkten im Lehr- und Lernprozess auftreten und so die Möglichkeit der Reaktivierung und Vertiefung des Wissens ermöglichen. Als Folge der Diskussion zur Lernerorientierung zeichnen sich zwei Wege der Weiterführung des Progressionsgedankens ab: Erstens eine modulare Anordnung von Lerninhalten ohne Progression zwischen den Einheiten und zweitens das Konzept einer Progression, die sich als Ergebnis der Diskussion zwischen Lernern und der/dem Unterrichtenden ergibt.
→ *Grammatik* → *Lehrwerk*

Borg, Serge (2001), La notion de progression. Paris: Didier.

Prozessorientierung · process orientation · orientation sur le processus *f.* · enfoque en el proceso *m.*
Didaktisches Prinzip, das – auf der Grundlage des Verständnisses des Lernens als interaktiven Prozess – zum Ziel hat, dem einzelnen Lerner Möglichkeiten des Aneignens und des erprobenden Umgangs von Lernstrategien bei der Aufgabenlösung zu eröffnen.
→ *Langzeitgedächtnis* → *Lernen* → *Lernstrategie*
→ *Projektarbeit*

Psychometrie · psychometrics · psychométrie *f.* · psichometría *f.*
Bezeichnet die Lehre vom Messen in der Psychologie auf der Grundlage mathematischer und statistischer Modelle und Methoden.

Rasch-Modell

Das Modell ist ein Beispiel für den Ansatz der probabilistischen Testtheorie. Es definiert die Wahrscheinlichkeit einer Antwort eines Probanden auf ein Item als Funktion von Persönlichkeitseigenschaften und Itemschwierigkeit. Dabei geht das Modell von zwei beobachtbaren Ereignissen des *Lösens* und *Nichtlösens* einer Aufgabe aus. Das Leistungsniveau (die Fähigkeit) eines Schülers wird unter Berücksichtigung des Schwierigkeitsniveaus der gelösten Aufgaben ermittelt. Das Modell geht davon aus, dass Schüler Aufgaben jeweils nur bis zu einer für sie charakteristischen Schwierigkeit lösen. Somit kann für alle Aufgaben und Fähigkeitsgruppen die Lösungswahrscheinlichkeit berechnet werden.

→ *Item* → *Testaufgabe* → *Testtheorie*

*Kubinger, Klaus D. / Jäger, Reinhold, S. (*Hrsg.) (2003), Schlüsselbegriffe der Psychologischen Diagnostik. Weinheim, Basel: Beltz.

Ratingskala · rating scale · échelle d'évaluation *f.* · classificación por escales *f.*

Antwortformat in der psychologischen Forschung, um Einstellungen oder Meinungen einer Person zu messen oder spezifische Aspekte durch Dritte beurteilen zu lassen. So erfolgt die Beurteilung von Arbeiten im Bereich der schriftlichen Textproduktion auf der Basis von Ratingskalen.

Eine wesentliche Unterscheidung betrifft die Form der Skalierung. Eine Ratingskala kann *ordinalskaliert* (klare Rangordnung der Skalenpunkte) oder *intervallskaliert* (identische Distanz zwischen Skalenpunkten) sein.

Ordinalskalen wie z. B. die Zensurenskala von 1–6 lassen vergleichende Aussagen (besser/schlechter als) zu, während Intervallskalen für das Feststellen von Unterschieden und Relationen genutzt werden.
→ *Beurteiler* → *Test*

Redewendung · idiom · tournure idiomatique *f.* · giro idiomático *m.*
Merkmal idiomatischer Redewendungen ist es, dass sich ihre Bedeutung nicht aus der Summe der Einzelbedeutungen ergibt. Beispiele: *eine Brücke schlagen, He was caught red-handed, Une lune de miel, A trancas* y *a barrancas.*
→ *Kollokation*

Referenzrahmen · Common European framework · Cadre européen commun *m.* · Marco commún europeo *m.*
Der Gemeinsame Europäische Referenzrahmen für Sprachen: lernen, lehren, beurteilen ist ein Dokument des Europarats. Zielsetzungen sind erstens die Förderung und Harmonisierung der internationalen Zusammenarbeit auf dem Gebiet des Sprachenlernens, zweitens das Schaffen einer Grundlage für die Anerkennung sprachenbezogener Qualifikationen in den europäischen Ländern sowie drittens die Vorgabe einer Orientierungshilfe für Unterrichtende unterschiedlicher Institutionen der Sprachvermittlung, Lehrwerkautoren und Verantwortliche in den Schulverwaltungen. Die Endfassung des Referenzrahmens wurde 2001 in englischer, französischer und deutscher Sprache veröffentlicht.

Der Referenzrahmen macht Ausführungen zu einer Vielzahl bildungspolitischer, didaktischer und methodischer Gesichtspunkte des fremdsprachlichen Lehr- und Lernprozesses, ohne Prioritäten oder Präferenzen zu formulieren. Kernstück des Dokuments ist eine Abfolge von allgemeinen Niveaustufen zu unterschiedlichen Sprachkompetenzen.

Der Referenzrahmen hat maßgeblichen Einfluss auf die Entwicklung der Bildungsstandards gehabt.

→ *Bildungsstandard* → *Kompetenz* → *Kompetenzbereiche* → *Niveaustufen*

Bausch, Karl-Richard / Christ, Herbert / Königs, Frank. G. / Krumm, Hans-Jürgen (Hrsg.) (2003), Der Gemeinsame Europäische Referenzrahmen für Sprachen in der Diskussion. Tübingen: Narr.

Europarat (2001), Gemeinsamer europäischer Referenzrahmen für Sprachen: lernen, lehren, beurteilen. München: Langenscheidt.

Regelstandard · general standard · standard régulier *m.* · estándar regular *m.*

Regelstandards, wie sie gegenwärtig in den länderübergreifenden Bildungsstandards für die 1. Fremdsprache formuliert werden, definieren ein mittleres Anforderungsniveau, das im Durchschnitt von den Lernern erreicht werden soll. Das Problem bei Regelstandards besteht darin, dass implizit das Modell einer Normalverteilung der Leistungen tradiert wird.

→ *Bildungsstandard* → *Kompetenz* → *Mindeststandard* → *Niveaustufen*

Reliabilität · reliability · réliabilité *f.* · fiabilidad *f.*

Gütekriterium eines Tests, das die Zuverlässigkeit einer Messmethode angibt. Ein Test wird als reliabel bezeichnet, wenn es bei einer Wiederholung der Messung unter denselben Bedingungen und an denselben Gegenständen zu demselben Ergebnis kommt. *Cronbachs Alpha* ist eine Maßgröße für die Reliabilität eines Tests.

→ *Objektivität* → *Rasch-Modell* → *Test* → *Validität*

Rollenspiel · role play · jeu de rôle *f.* · juego de rol *m.*

Als offene, handlungsorientierte Form des Umgangs mit Sprache und als Instanz der Identifikation des Lerners mit der Fremdsprache bieten Rollenspiele die Möglichkeit zur Einübung von zielsprachlichen Handlungsroutinen auf allen Lernstufen.

→ *Freiarbeit* → *Handlungsorientierung* → *Kreativität*

Schaller, Roger ([2]2006), Das große Rollenspiel-Buch: Grundtechniken, Anwendungsformen, Praxisbeispiele. Weinheim, Basel: Beltz.

Schema · conceptual scheme · schémas *m.pl* · esquemas *m.pl*

Im Gehirn gespeicherte Handlungsroutinen, die entscheidend das kommunikative Verhalten beeinflussen. Ein solches Schema ist z. B. das Einsteigen in ein Taxi, bei dem im Anschluss an eine Begrüßung das Ziel vom Fahrgast genannt und vom Fahrer bestätigt wird. Das internalisierte Schema leitet die Lernererwartung z. B. bei der Textrezeption, sobald klar ist, dass es sich um die Situation *Taxifahrt* handelt.

→ *Arbeitsgedächtnis* → *Leseverstehen* → *Text*

Schreiben · writing · expression écrite *f.* · expresión escrita *f.*

Eine der fünf funktionalen kommunikativen Kompetenzen. Schreiben ist globaler Ausdruck für eine komplexe kommunikative Aktivität, die Anforderungen auf verschiedenen Ebenen an den Lerner stellt. Neben der Rechtschreibung sind die Wahl der Textsorte und die Beachtung von inhaltlichen und formalen Spezifika wichtig.

Die Kompetenzausbildung des Schreibens bezieht sich auf die Planungsphase, die Durchführungsphase sowie die Kontrollphase. Methodisch erweist sich in allen Phasen eine Verknüpfung von spielerischen, handlungsorientierten und kognitiven Elementen (Lernstrategien) als günstig.

→ *Kompetenzbereiche* → *Lernstrategien* → *Niveaustufen*

Böttcher, Ingrid / Becker-Mrotzek, Michael (2003), Texte bearbeiten, bewerten und benoten. Schreibdidaktische Grundlagen und unterrichtspraktische Anregungen. Berlin: Cornelsen.

Schriftlichkeit · ■ · scripturalité *f.* · escripturalidad *f.*

Im Kontext des Fremdsprachenunterrichts bezeichnet der Begriff die Vorrangstellung der Ausbildung der schriftsprachlichen Kompetenz vor der Ausbildung der mündlichen kommunikativen Kompetenzen. Diese Ausrichtung findet ihren Niederschlag u. a. in einer Betonung rigider Normorientierung im Bereich der Orthografie, in einem Übergewicht schriftlicher Lernaufgaben sowie einer besonderen Gewichtung der schriftsprachlichen Leistungen bei der Gesamtbeurteilung des Lernens.

Eine solche Ausrichtung entspricht nicht dem Ansatz des modernen Fremdsprachenunterrichts, der die mündliche Kommunikationsfähigkeit betont.
→ *Kompetenzbereiche* → *Lernziel* → *Mündlichkeit*

Selbstbeurteilung
→ *Beurteilung*

Signifikanz · significance · pertinence *f.* · pertinencia *f.*
Bezeichnet die Bedeutsamkeit eines Testergebnisses. Man spricht von einem signifikanten Ergebnis, wenn die Zufallswahrscheinlichkeit unter 5 % liegt. Ein statistisch signifikantes Ergebnis wird durch ein Sternchen hinter dem Wert gekennzeichnet. Folgende Konventionen bestehen:

- * 5 Prozent Irrtumswahrscheinlichkeit
- ** 1 Prozent Irrtumswahrscheinlichkeit
- *** 0,1 Prozent Irrtumswahrscheinlichkeit

→ *Test*

Sozialformen · social forms · formes sociales *f.* · formas sociales *f.pl.*
Der Ausdruck bezeichnet die Kooperationsstruktur der am Lehr- und Lernprozess beteiligten Akteure in einer bestimmten Unterrichtsphase. Die Wahl der Sozialform erfolgt funktional mit Bezug auf das Lernziel, die sozialen Voraussetzungen und die Intentionen sowie die Möglichkeiten des Lernortes.

Bekannte Sozialformen sind der Frontalunterricht, die Partner- oder Gruppenarbeit, der Stuhlkreis, das Lehrer-Schüler-Gespräch und die Projektarbeit.
→ *Projektarbeit*

Drumm, Julia (Hrsg.) (2007), Methodische Elemente des Unterrichts. Sozialformen, Aktionsformen, Medien. Göttingen: Vandenhoeck & Ruprecht.

Speichereinheit · chunk · chunk *m.* · trozo *m.*

Das englische Wort *chunk* bezeichnet Speichereinheiten des Lerners bei Lernprozessen. Anstelle der Memorisierung einzelner Elemente lernt er eine Zusammenfassung einzelner Elemente zu größeren Einheiten, wodurch das Behalten erleichtert wird.

Für den Fremdsprachenlerner stellt dieses Verfahren eine ökonomische Lerntechnik für das Behalten von lexikalischen Einheiten dar. Kollokationen und idiomatische Wendungen (Redewendungen) sind gleichsam *vorgefertigte* Speichereinheiten.
→ *Kollokation* → *Redewendung*

Speicherung · storage · mémorisation *f.* · memorización *f.*

Es wird davon ausgegangen, dass das Speichern von Wörtern einer Sprache netzwerkartig im sogenannten *mentalen Lexikon* erfolgt. Gedächtnisinhalte sind als kleinste, ganzheitliche Einheiten in einem Netzwerk präsent. Beim Suchen eines Wortes/einer Bedeutung durchläuft der Sprecher/Hörer so lange das Netz, bis er das richtige Wort/die passende Bedeutung gefunden hat.

Offen ist die Frage, ob es beim Erlernen der Fremdsprache zur Einbettung des neues Wortbestands in ein bestehendes Lexikon kommt (*compound*) oder ob ein neues Lexikon angelegt wird (*coordinate*).

→ *Arbeitsgedächtnis* → *Langzeitgedächtnis*

Dietrich, Rainer ([2]2007), Psycholinguistik. Stuttgart; Weimar: Metzler.

Sprachbad

→ *Immersion*

Sprachbewusstheit · language awareness · éveil aux langues *f.* · conciencia lingüística *f.*

Facettenreiche Zielorientierung des Fremdsprachenunterrichts, die darauf abzielt, Sprachbewusstheit und Sensibilität für Sprache(n) und ihre Strukturen und Verwendungszusammenhänge bei den Lernern auszulösen.

Das Konzept, das der Didaktik der *Mehrsprachigkeit* nahe steht, umfasst eine affektive, eine kognitive sowie eine soziale Komponente und verbindet sich mit einem (inter)kulturellen Lernen.

→ *Mehrsprachigkeit*

Fehling, Sylvia ([2]2008), Language Awareness und bilingualer Unterricht. Eine komparative Studie. Frankfurt/Main u. a.: Lang.

Sprache · language · langue *f.*/parole *f.* · lengua *f.*

Sprachen sind im Fremdsprachenunterricht Mittel und Ziel unterrichtlicher Aktivität. Jeder Lerner bringt seine Ausgangssprache(n) in den Unterricht mit, die für ihn einen Bezugspunkt beim Erlernen der Zielsprache darstellt. Eine Sprache ist nicht als abstraktes System und in ihren isolierten Formen Gegenstand des Fremdsprachenunterrichts. Sprache als soziales Phänomen wird in der Kommunikation und Interaktion als Gebrauchsmittel mündlich und schriftlich handelnd erfahren. Der Verknüpfung von verbalen und nicht-verbalen Strukturen wird Rechnung getragen. Die Verflechtung von sprachlichem Wissen über eine Einzelsprache hinaus lässt es sinnvoll erscheinen, ständig Bezüge zu anderen Sprachen beim Sprachlernprozess positiv einzubinden. Das Verständnis von Sprache als Träger von Kultur ist Grundlage eines interkulturellen Sprachenlernens.

→ *Interaktion* → *Lernen* → *Mehrsprachigkeit*
→ *Referenzrahmen*

Sprachenpolitik · language policy · politique des langues *f.* · política linguística *f.*

Sprachenpolitische Entscheidungen werden heute nur noch zum Teil auf lokaler oder regionaler Ebene entschieden. Die Arbeiten des Europarats (Referenzrahmen) sowie der Europäischen Kommission lassen ebenso den Einfluss übernationaler Institutionen erkennen wie die Diskussion staatenübergreifender Lernstandserhebungen und Berichte der OECD.

Die Rolle der Sprachen und einer schulischen Sprachausbildung wird auch unter dem Gesichtspunkt einer volkswirt-

schaftlichen Bedeutung bewertet. Institutionelle Sprachvermittlung in der Schule sieht sich zunehmend einer Konkurrenz durch kommerzielle Sprachanbieter (Sprachschulen, Sprachreisen, Nachhilfeinstitute) ausgesetzt.
→ *Bildung* → *Bildungsziele* → *Referenzrahmen* → *Sprachenportfolio*

Blanke, Detlev / Scharnhorst, Jürgen ([2]2009), Sprachenpolitik und Sprachkultur. Frankfurt / Main. u. a.: Lang.

Sprachenportfolio · language portfolio · portfolio des langues *m.* · portafolio de las lenguas *m.*
Intitiative des Europarats aus dem Jahr 2001, das als *Portfolio Européen des Langues* (PEL) bekannt ist. Es handelt sich um das persönliche Dokument eines Individuums, das helfen soll, die Mehrsprachigkeit und eine kulturelle Öffnung zu fördern.

Jedes Sprachenportfolio besteht aus drei Teilen. In dem ersten Teil, dem *Sprachenpass*, gibt der Lerner auf dem Wege einer Selbstbeurteilung Auskunft über seine sprachlichen und kulturellen Kompetenzen. Dabei erfolgt für die einzelnen Kompetenzen eine Orientierung an den Niveaustufen des Referenzrahmens. In der *Sprachenbiografie*, dem zweiten Teil, verzeichnet der Lerner alle Stationen und Erfahrungen der Begegnung mit Sprachen. Der dritte Teil, das *Dossier*, gibt dem Besitzer die Möglichkeit, unterschiedlichste Dokumente, die mit der Spracherlernung (Klassenarbeiten, Dokumente aus Projektarbeiten) oder mit Besuchen in anderen Ländern in einem Zusammenhang stehen, zu verwahren.
Das Portfolio als Instrument der Selbstbeurteilung des Ler-

ners darf auf keinen Fall für eine schulische Fremdbewertung herangezogen werden.
Sprachenportfolios gehören in verschiedenen Bundesländern zur Schulkultur. Diese Portfolios sind in der Regel offiziell vom Europarat akkreditiert.

An vielen Schulen, bei denen keine Portfolios vom Schulträger angeschafft und bereitgestellt wurden, haben Kollegen die Idee aufgegriffen und schuleigene Portfolios entworfen und zum Einsatz gebracht.

Einzelne Lehrwerke enthalten unter dem Titel *Portfolio* Seiten, die den Schülern eine begrenzte Form der Selbstevaluation ermöglichen. Sie nehmen damit einen wesentlichen Gedanken des PEL auf.
→ *Lernerautonomie* → *Referenzrahmen* → *Beurteilung*

Brunner, Ilse / Häcker, Thomas / Winter, Felix (Hrsg.) (2006), Das Handbuch Portfolioarbeit. Konzepte – Anregungen – Erfahrungen aus Schule und Lehrerbildung. Seelze: Klett-Kallmeyer.

Schwarz, Johanna / Volkwein, Karin / Winter, Felix (Hrsg.) (2008), Portfolio im Unterricht – 13 Unterrichtseinheiten mit Portfolio. Seelze: Klett-Kallmeyer.

Spracherwerb · language acquisition · acquisition d'une langue seconde *f.* · adquisición de una segunda lengua *f.*
In deutlicher Abgrenzung zum gesteuerten Erlernen einer Zweitsprache in der Schule wurden Grundsätze eines natürlichen Zweitsprachenerwerbs propagiert. Dieser Ansatz wird vor allem mit den Namen Stephen Krashen und Tracy D. Terrell

verbunden. Die folgenden fünf Hypothesen skizzieren Merkmale des Ansatzes:

1. Der natürliche Spracherwerb vollzieht sich unbewusst, ausgehend von einem reichen sprachlichen Input und nicht – wie beim schulischen Sprachenlernen – über die bewusste Aneignung von Regeln.
2. Die Aneignung der Sprachstrukturen erfolgt in einer natürlichen Abfolge, die nicht der der im Unterricht eingesetzten Lehrwerke entspricht.
3. Der Lerner verfügt über eine Kontrollstelle (monitor), in der grammatisches Wissen gespeichert ist. Der Lerner greift auf dieses Instrument ausschließlich bei Zweifelsfällen seiner eigenen Sprachproduktion zurück.
4. Verständlicher sprachlicher Input ist Grundlage des Spracherwerbs. Der Input sollte in seinem Schwierigkeitsgrad etwas über dem vorhandenen Sprachniveau des Lerners liegen.
5. Die affektive Dimension spielt für einen erfolgreichen Spracherwerb eine wichtige Rolle. Ein angstfreies Lernen sowie eine das Selbstvertrauen stärkende Lernumgebung sind notwendig.

Die fremdsprachendidaktische Diskussion zum gesteuerten Lehr- und Lernprozess ist – trotz intensiver Kritik – durch die Arbeiten aus der Erwerbsforschung bereichert worden. Im bilingualen Unterricht und in Formen des Fremdsprachenfrühbeginns lassen sich deutliche Bezüge zu dem Ansatz finden.

→ *Bilingualunterricht* → *Grammatik* → *Lernen*

Krashen, Stephen D. / Terrell, Tracy D. (1983), The Natural Approach. Language Acquisition in the Classroom. Oxford: Pergamon.

Sprachmittlung · mediation · médiation *f.* · médiación *f.*
Eine der fünf funktionalen kommunikativen Kompetenzen des Fremdsprachenunterrichts. Die Aktivität der Sprachmittlung wird dann notwendig, wenn zwei Sprecher unterschiedlicher Sprachen mithilfe einer dritten, sprachkundigen Person ins Gespräch kommen wollen oder wenn ein Sprecher einen Einblick in Hör- oder Lesetexte in einer für ihn unbekannten Sprache erhalten möchte. In diesen Fällen soll der Lerner in der Lage sein, sprachmittelnd aktiv zu werden.

Im Gegensatz zu der traditionellen wortwörtlichen Übersetzung kommt es bei der Sprachmittlung darauf an, dass eine sinngemäße Zusammenfassung einer mündlichen Äußerung oder eines geschriebenen Textes geleistet wird.

In den Prüfungsordnungen einzelner Bundesländer wird allerdings neben dem Dolmetschen und Zusammenfassen im obigen Sinne auch das traditionelle Übersetzen ins Deutsche als eine Form der Sprachmittlung ausgewiesen.

→ *Kompetenzbereiche* → *Referenzrahmen*

Senatsverwaltung für Bildung, Jugend und Sport Berlin (2007), Handreichungen zur Sprachmittlung in den modernen Fremdsprachen: Englisch, Französisch, Spanisch. http:// www.bildung-brandenburg.de

Sprachverarbeitung · speech processing · ■ · programa procesal *f.*
Arbeiten aus der kognitiven Psychologie lassen die Annahme zu, dass die Sprachverarbeitung ein interaktiver Prozess ist, bei dem neue sprachliche Stimuli von außen vom Lerner unter Bezugnahme seines vorhandenen Wissens interpretiert werden. Im Bereich der rezeptiven Fertigkeiten (Hörverstehen, Lesever-

stehen) kann man zwei grundsätzliche Strategien unterscheiden. Bei der Strategie *top-down* gehen die Lerner von einem allgemeinen Verständnis des Inhalts aus und versuchen dann, im Text einzelne Elemente zu finden, die den groben Eindruck bestätigen bzw. verfeinern oder berichtigen. Diese Strategie zeichnet gute Lerner aus. Das entgegengesetzte Verfahren, die *bottom-up* Strategie, setzt bei der systematischen, kleinschrittigen Textrezeption an, aus der sich nach und nach ein komplexes Textverständnis herausbildet.
→ *Konstruktivismus* → *Schema*

Pfister, Beate / Kaufmann, Tobias (2008), Sprachverarbeitung: Grundlagen und Methoden der Sprachsynthese und Spracherkennung. Berlin, Heidelberg: Springer.

Sprachwechsel · code-switching · alternance codique *m.* · code switching *m.*
Bezeichnet den alternierenden Gebrauch von zwei oder mehr Sprachen eines bilingualen Sprechers in einer Äußerung oder während eines Gesprächs.
→ *Bilingualismus*

Sprechen · speaking · expression orale *f.* · expresión oral *f.*
Eine der fünf funktionalen kommunikativen Kompetenzen. Es handelt sich um eine komplexe sprachliche Aktivität, die für den Lerner eine besondere sprachliche und psychologische Herausforderung darstellt. Sprachlich gilt es, in den Bereichen Aussprache, Satzbau, Wahl der Lexik und Berücksichtigung

der Kommunikationssituation Entscheidungen und Realisierungen zu treffen. Die Angst davor, (in einer Gruppe) Fehler zu machen, bildet ein psychologisches Hindernis für den Einzelnen im Unterricht.

Die Phasen der Sprachproduktion im Kompetenzbereich Sprechen sind nach Levelt (1991) die *Makroplanung*, d.h. die Bestimmung dessen, was man sagen will mit Überlegungen zur Redeorganisation, die *Mikroplanung*, in der die Wörter und die lexikalischen Strukturen aus dem Mentalen Lexikon abgerufen werden, sowie die Phase der *Formulierung*, in der der Sprecher seine Äußerung mündlich realisiert.

Zur Förderung der Sprechkompetenz bietet es sich an, eine systematische Reflexion der Lernstrategien mit handlungsorientierten Aktivitäten zu verbinden.
→ *Kompetenzbereich* → *Lernstrategie*

Levelt, Willem, J.M. (1989), Speaking. From Intention to Articulation. Cambridge: The MIT Press.

Standardabweichung · standard deviation · déviant-standard *m.* · deviance *f.*

Wenn man den Mittelwert der Testwerte aller an einem Test teilnehmenden Personen berechnet hat, kann man für einzelne Personen errechnen, wie groß die Standardabweichung ist, d.h. wie sich ihre Testleistung zum Mittelwert verhält.

Stationenlernen · learning centres · atelier tournant *m.* · ■
Stationenlernen (auch *Lernzirkel*) ist eine Form handlungs- und aufgabenorientierten Arbeitens. An einem Lernort (Klassenzimmer oder auch an einem beliebigen anderen Ort) werden *Lernstationen* gebildet, denen Arbeitsaufträge zugeordnet sind, die in vorgegebener Reihenfolge nacheinander (*geschlossenes Stationenlernen*) oder in selbst gewählter Reihenfolge (*offenes Stationenlernen*) von den Lernenden selbstständig individuell oder in Kleingruppen bearbeitet werden. Die Aufgaben an den Stationen können sich auf unterschiedliche Kompetenzbereiche beziehen.
→ *Aufgabenorientierung* → *Handlungsorientierung*

Suggestopädie · suggestopedia · suggestopédie *f.* · sugestopedia *f.*
Sogenannte *alternative Lernmethode*, die mit dem Namen seines Begründers Lozanov verbunden wird. Der suggestopädische Ansatz beruht auf einem ganzheitlichen, entspannten Lernen und verbindet musikalische Sequenzen mit sprachlichen und nicht-sprachlichen Handlungselementen, was zu einer besonderen Qualität der Gedächtnisspeicherung führt.

Elemente suggestopädischen Lernens haben nur partiell Eingang in schulisches Fremdsprachenlernen gefunden.
→ *Lernen*

Ortner, Brigitte (1998), Alternative Methoden im Fremdsprachenunterricht. Lerntheoretischer Hintergrund und praktische Umsetzung. Ismaning: Hueber (Forum Sprache).

Tandemarbeit · tandem learning · travail en tandem *m.* · trabajo en binomio *m.*

Tandemarbeit ist eine Arbeit auf Gegenseitigkeit zwischen zwei Personen unterschiedlicher Muttersprachen, die jeweils die Sprache des anderen Partners lernen möchten. Jeder Teilnehmer ist Lehrer und Lerner zugleich. Der Lernprozess verläuft in der Regel autonom in der Weise, dass die Partner selbst den Lerninhalt und das Ausmaß der wechselseitigen Information innerhalb des Sprachlernprozesses bestimmen. Die besondere Herausforderung liegt in der direkten Begegnung und Zusammenarbeit, die das Sprachenlernen mit einer interkulturellen Begegnung verknüpft.

Die Verfügbarkeit neuer Medien hat zur Ausbildung des Formats *E-Tandem* geführt, bei dem der Kontakt zu dem Partner über Telefon oder E-Mail hergestellt wird.

Brammerts, Helmut / Kleppin, Karin (Hrsg.) ([2]2001), Selbstgesteuertes Sprachenlernen im Tandem: Ein Handbuch. Tübingen: Stauffenberg.

Terminologie · terminology · terminologie *f.* · terminología *f.*

Die Vermittlung eines Inventars terminologischer Grundbegriffe ist im Fremdsprachenunterricht für alle Teilbereiche (Wortschatz, Grammatik, Textarbeit, Interkulturelles Lernen) wichtig. Ihre konsequente Verwendung im Unterricht gibt dem Lerner Sicherheit bei der Klassifikation der zu lernenden oder zu beschreibenden Phänomene. Die Verwendung einer zielsprachlichen Terminologie ist anzustreben.

→ *Grammatik* → *Lernen (Interkulturelles L.)* → *Textarbeit* → *Wortschatz*

Test · test · test *m.* · test *m.*/prueba *f.*

Ein Test ist ein Messinstrument, das in verschiedenen Anwendungsbereichen der Psychologie, der Medizin, den Sozialwissenschaften und im pädagogischen Bereich mit dem Ziel eingesetzt wird, präzise und belastbare Einsichten zu einer Fragestellung zu gewinnen.

Grundlage für die Datenauswertung bilden die *Klassische Testtheorie* und/oder die *Probabilistische Testtheorie*. Folgende Testverfahren lassen sich unterscheiden: Leistungstests, Psychometrische Persönlichkeitstests sowie Verfahren der Persönlichkeitsentfaltung.

Lernstandserhebungen im Umfeld der Bildungsstandards arbeiten auf der Grundlage kompetenzorientierter, psychometrischer Tests. Ihre Ergebnisse führen zu quantitativen Aussagen bezüglich des Messgegenstandes, nämlich der jeweiligen Teilkompetenz, die gemessen wird.

→ *Item* → *Kodierung* → *Objektivität* → *Rasch-Modell* → *Realibilität* → *Testtheorie* → *Validität*

Grotjahn, Rüdiger (2009), Testen und Evaluieren fremdsprachlicher Kompetenzen: Ein Arbeitsbuch. Tübingen. Narr.

Testaufgabe · task for testing · tâche d'évaluation · tarea de evaluación

Testaufgaben sind Messinstrumente, die zur Messung von Kompetenzen der Lerner eingesetzt werden. Ein Item oder mehrere Items bilden jeweils eine Testaufgabe. Für Testaufgaben gelten die Gütekriterien der Objektivität, der Validität und der Reliabilität. Auch die Merkmale der Authentizität und der Handlungsorientierung zeichnen gute Testaufgaben aus.

→ *Lernaufgabe* → *Test* → *Objektivität* → *Reliabilität* → *Validität*

Testtheorie · test theory · théorie des tests *f.* · téoria de tests *f.*

Klassische Testtheorie

Sie findet eine breite Anwendung bei psychologischen Testverfahren. Ihr Ziel ist die Ermittlung eines *wahren Messwertes* einer Person. Die Theorie beruht auf der Annahme, dass jeder Messwert sich aus einem *wahren Wert* (z. B. Hörverstehen), der konstant ist, und aus einem Messfehler (z. B. Müdigkeit des Probanden), der sich auf unsystematische Einflüsse bezieht, zusammensetzt. Eine Annäherung an den *wahren Wert* wird durch die Berechnung des *Mittelwertes* aller Testwerte einer Person erreicht.

Probabilistische Testtheorie

Die *probabilistische* Testtheorie wird auch als *Item-Response*-Theorie (IRT) bezeichnet. Der theoretische Ansatz bildet die Grundlage für die Kompetenzstufenmodelle sowie die Testungen im Umfeld von Vergleichsarbeiten und der Evaluation der Bildungsstandards. Sie hat die Beziehung zwischen den Merkmalen einer Person und der Itemlösewahrscheinlichkeit zum Gegenstand. Diese Beziehung wird als *probabilistisch* bezeichnet. Grundannahme ist, dass die Wahrscheinlichkeit einer bestimmten Antwort auf eine Testaufgabe mit steigender Personenfähigkeit zunimmt. Das Personenmerkmal fließt als latente Variable in eine mathematische Funktion ein.

→ *Kodierung* → *Rasch-Modell* → *Test*

Bühner, Markus (^{2}2006), Einführung in die Test- und Fragebogenkonstruktion. München, Boston: Pearson.

Text · text · texte *m.* · texto *m.*

Struktur von gesprochenen oder geschriebenen Sprachzeichen über einen Einzelsatz hinaus, die durch Elemente aus anderen Zeichensystemen angereichert sein kann.

Literarische Texte der unterschiedlichen Genres und mit unterschiedlichem Schwierigkeitsgrad bilden als authentische Texte ein unverzichtbares Element innerhalb eines bildungsorientierten Fremdsprachenunterrichts. Über die Begegnung mit einer authentischen Sprachverwendung ermöglicht die Arbeit an literarischen Texten ein gedankliches Überschreiten der eigenen Wirklichkeit, eine interkulturelle Auseinandersetzung sowie eine besondere (rezeptions)ästhetische Erfahrung.

→ *Inferenz* → *Kontext* → *Kotext* → *Schema*

Textarbeit · ■ · ■ · ■

Fremdsprachenunterricht außerhalb des Zielsprachenlandes ist immer wieder darauf angewiesen, auf Texte als Beispiele für die Sprache und Kultur zurückzugreifen.

Im Kontext des Lehrens und Lernens von Fremdsprachen kommt der Textarbeit eine dreifache Funktion zu.

Als Hörtexte, als geschriebene Dokumente oder als komplexe Produkte unter Verwendung mehrerer Zeichensysteme wie z. B. Werbeanzeigen, Videos, Comics bilden sie als Repräsentationen der kulturellen und sprachlichen Realität des Zielsprachenlandes erstens den Ausgangspunkt für die Spracharbeit.

Zweitens bildet die Textarbeit die Grundlage für die Begegnung mit und das Erlernen der Fremdsprache. Insbesondere für die Wortschatzarbeit bildet Textarbeit einen günstigen Ausgangspunkt. Im fortgeschrittenen Unterricht gewinnen das Entdecken und Analysieren textspezifischer sprachlicher Merkmale an Bedeutung.

Eine dritte Funktionsbestimmung der Textarbeit im Fremdsprachenunterricht steht im Zusammenhang mit der Persönlichkeit des Lerners selbst. Jede Begegnung mit einem Text ist mit einem Moment der aktiven Auseinandersetzung verbunden. Ein Text fordert den Lerner mit seinem Wissen, seinen Einstellungen, Werten und Empfindungen zu einer gedanklichen oder aktiven Auseinandersetzung auf.

→ *Inferenz* → *Kohärenz* → *Kohäsion* → *Lernaufgabe* → *Leseverstehen*

Bausch, Karl-Richard / Burwitz-Melzer, Eva / Königs, Frank G. / Krumm, Hans-Jürgen (2007), Textkompetenzen. Arbeitspapiere der 27. Frühjahrskonferenz zur Erforschung des Fremdsprachenunterrichts. Tübingen: Narr.

Top-down

→ *Sprachverarbeitung*

Transfer · transfer · transfert *m.* · transferencia *f.*

Der Begriff bezeichnet die Übertragung einer in einer Problemlösesituation erlernten Wissensstruktur bei der Lösung einer neuen Aufgabe. Das Üben der Lernübertragung und die Aus-

bildung einer kognitiven Transferkompetenz bilden ein wichtiges Anliegen des handlungsorientierten Fremdsprachenunterrichts, um den Lerner auf die Bewältigung einer Vielzahl kommunikativer Situationen vorzubereiten.
→ *Interferenz* → *Lernstrategie*

Trennschärfe · selectivity · sélectivité *f.* · selectividad *f.*
Merkmal einer Testaufgabe, die ausdrückt, wie prototypisch ein Item für die Summe der Items eines Tests ist. Die Trennschärfe eines Items erfolgt in der Weise, dass der Item-Score eines jeden Probanden mit seinem Test-Score insgesamt (Gesamttestleistung, Gesamtleistung in einem Subtest, Gesamtleistung in einer Skala) verglichen wird. Durch die Trennschärfe wird garantiert, dass alle Items eines Tests dasselbe Merkmal erfassen.

Die Messwerte reichen von -1 bis 1, wobei Werte über 0 angeben, dass das Item das Gleiche misst wie die anderen Items. Negative Werte bedeuten, dass das Item im Vergleich mit den anderen Items etwas Anderes/Gegensätzliches misst.
→ *Item* → *Test*

Übergang · continuity/bridging · transition *f.* · tránsito *m.*
Mit dem Begriff wird die Problematik des Aufeinandertreffens unterschiedlicher Lehr- und Lernkulturen beschrieben. Der Lerner, der eine Fremdsprache in der Grundschule erlernt hat, wechselt auf die weiterführende Schule und trifft dort eine Schulkultur mit neuen, möglicherweise ungewohnten Anforderungen und Erwartungen. Der möglichst problemlose Über-

gang kann durch Übergangsprotokolle und Schulbesuche zwischen Kollegen der betroffenen Schulen erreicht werden, wobei konstitutive Verfahren und Faktoren des Unterrichts wie Emotion – Kognition, Imitation – Kognition, Fehler – Fehlerkorrektur, die Verwendung Muttersprache – Fremdsprache(n), die Bedeutung von Mündlichkeit – Schriftlichkeit, die Typen von Aufgaben sowie praktizierte Formen von Fremdbeurteilung – Selbstbeurteilung auszutauschen und zu diskutieren sind.

In dieser Form bietet der Übergang die Chance zur pädagogischen und fachdidaktisch schulartübergreifenden Diskussion zum Lehr- und Lernprozess.

Übung · exercise · exercice *m.* · ejercicio *m.*

Die Konfrontation des Lerners mit komplexen Texten kann es notwendig machen, Übungen aus dem Text zu isolieren, um eine korrekte und sichere formale rezeptive und/oder produktive Verfügbarkeit sprachlicher Strukturen beim Lerner auszubilden. Es handelt sich um Formate, die den Lerner zeitlich begrenzt in seiner Aktivität stark steuern. Ihre situative Einbindung kann in dieser Phase in den Hintergrund treten.

→ *Arbeitsauftrag* → *Lernaufgabe*

Unterrichtsforschung · classroom research · recherche sur l'enseignement en classe *f.* · investigación de clase *f.*

Die Entwicklung des Fremdsprachenunterrichts wird durch forschendes Lehren und Lernen gefördert, angefangen bei wissenschaftlichen Hausarbeiten Studierender bis hin zu größer angelegten Projekten. Grundsätzlich lassen sich forschungsmethodisch zwei Ansätze unterscheiden. *Qualitativ* angelegte Projekte arbeiten mit Daten, die aus individuellen Rückmeldungen auf der Grundlage von Fragebögen, Interviews, Videoaufzeichnungen stammen und die vor dem Hintergrund der Ausgangshypothese(n) interpretiert werden.

Quantitativ angelegte Forschungsprojekte arbeiten mit Daten, die vor allem auf der Grundlage standardisierter Erhebungen stammen und die mit psychometrischen Verfahren analysiert werden.

→ *Psychometrie*

Helmke, Andreas (2009), Unterrichtsqualität und Lehrerprofessionalität. Diagnose, Evaluation und Verbesserung des Unterrichts. Seelze: Klett-Kallmeyer.

Validität · validity · validité *f.* · validez *f.*

Gütekriterium eines Tests, das sich auf den Grad der Genauigkeit bezieht, mit der ein Test das Merkmal tatsächlich misst, das er messen soll oder vorgibt zu messen. Ein Hörverstehenstest ist dann valide, wenn er ausschließlich das Hörverstehen misst. Geschlossene Aufgabenformate entsprechen in besonders günstiger Weise diesem Anspruch.

Variable · variable · variable *f.* · variable *f.*

In der Testtheorie wird die Unterscheidung zwischen *manifesten* Variablen und *latenten* Variablen getroffen. Erstere sind beobachtbare Reaktionen sowie Testwerte in Leistungstests, bei denen es empirisch nachweisbar zwei Reaktionsalternativen gibt.

Latente Variablen sind nicht direkt beobachtbar. Es handelt sich um Konstrukte wie Angst, Selbstsicherheit, Lesekompetenz etc. Auf dem Weg des Testens von manifesten Variablen versucht man Messwerte für latente Variablen zu erhalten.
→ *Konstrukt* → *Test*

Varianz · variation · variation *f.* · variación *f.*
Die Varianz gibt an, wie einzelne Daten um den Mittelwert verteilt sind, d.h. wie stark die Daten um den Mittelwert streuen. Die Wurzel aus der Varianz ist die Standardabweichung.
→ *Mittelwert* → *Standardabweichung* → *Test*

VERA
→ *Vergleichsarbeiten*

Vergleichsarbeiten · ■ · ■ · ■
Vergleichsarbeiten, auch als *Orientierungsarbeiten* bezeichnet, sind schriftliche Arbeiten, die landesweit oder an einer vorgegebenen Zahl von Schulen in einem Fach auf einer bestimmten Klassenstufe geschrieben werden. Ziel ist es, den Leistungsstand der Lerner mit Blick auf eine Bezugsnorm zu messen. Vergleichsarbeiten als Form der Lernstandserhebung werden als ein Mittel schulischer Qualitätssicherung angesehen.

Am bekanntesten ist das Projekt VERA (*VER*gleichs*A*rbeiten in der Grundschule), das 2004 als Gemeinschaftsprojekt von sieben Bundesländern gestartet wurde und an dem sich ab 2007/2008 alle 16 Bundesländer beteiligen.

Für die Sprachen Englisch und Französisch werden die Aufgaben vom Institut zur Qualitätssicherung im Bildungswesen (IQB) in Berlin entwickelt, pilotiert und normiert. Die Bezugsnorm bilden die länderübergreifenden Bildungsstandards 1. Fremdsprache für den Hauptschulabschluss und den Mittleren Schulabschluss.

→ *Bildungsmonitoring* → *Bildungsstandard* → *Institut zur Qualitätssicherung im Bildungswesen*

Hosenfeld, Ingmar / Groß-Ophoff, Jana / Bittins, Petra (2006), Vergleichsarbeiten und Schulentwicklung. München: Oldenbourg.

Visualisierung

→ *Illustration*

Wörternetz · mind map · associogramme *f.* · asociograma *f.*

Ausgehend von einem individuellen mentalen Plan ordnet der Lerner nach vorgegebenen Ordnungsprinzipien auf einem Blatt Papier neue Wörter in einem Netz zusammen mit bekannten Wörtern an und stellt anschließend zwischen ihnen durch grafische Mittel (Unterstreichungen, Umrahmungen, farbige Hervorhebungen) semantische Verknüpfungen her. Alternativ kann diese Arbeit, bei der sich der Erwerb *deklarativen Wissens* mit dem Erwerb *prozeduralen Wissens* verbindet, durch das Anordnen von Wortkarten erfolgen.

→ *Lernstrategie* → *Wortschatz*

Neveling, Christiane (2006), Wörterlernen mit Wörternetzen. Eine Untersuchung zu Wörternetzen als Lernstrategie und als Forschungsverfahren. Tübingen: Narr.

Wortschatz · vocabulary · lexique *m.* · vocabulario *m.*

In den länderübergreifenden Bildungsstandards wird Wortschatz in der Rubrik *Verfügung über sprachliche Mittel* verzeichnet. Von grundsätzlicher Bedeutung ist die Unterscheidung des Wortschatzes in die Teilbereiche *aktiver* Wortschatz, *rezeptiver* Wortschatz und *potenzieller* Wortschatz. Der *rezeptive* Wortschatz eines Lerners ist umfangreicher als der *aktive* Wortschatz. Der *potenzielle* Wortschatz beruht auf der Kenntnis lexikalischer Strukturen aus anderen Sprachen und der Fähigkeit des Lerners, über formale Ähnlichkeiten die Bedeutung des unbekannten Wortes zu erschließen.
Lexikalisches Wissen umfasst die Kenntnis

- der sprachlichen Form (code écrit / code oral),
- der grammatischen Funktion (Kontext, Kollokation),
- der situativen Adäquatheit (Frequenz, Register) sowie
- der Bedeutungsebenen (Denotat, Konnotat).

Das Wissen lexikalischer Strukturen bedeutet nicht automatisch auch die korrekte Verwendung.
→ *Bildungsstandard* → *Inferenz* → *Wörternetz*

Ainciburu, María Cecilia (2008), Aspectos del aprendizaje del vocabulario. Tipo de calabra, método, contexto y grado de competencia en las lenguas afines. Frankfurt / Main u. a.: Lang.

Zertifikat · certificate · certificat *m.* · certificado *m.*
Sprachzeugnisse externer Anbieter überwiegend aus dem Zielsprachenland, die eine bestimmte Sprachkompetenz attestieren. Sie finden im Kontext des schulischen Fremdsprachenunterrichts Verbreitung. An vielen Orten kooperieren Schulen zur Vorbereitung und Durchführung der Zertifikatsprüfungen mit den Kulturinstituten des Zielsprachenlandes. Der Erwerb eines erfolgreichen Fremdsprachenzertifikats honoriert die Lernanstrengungen der Lerner und stützt ihre Lernmotivation. Verbreitete Zertifikate sind für

Englisch:

Cambridge ESOL Examinations in English, TOEFL, TOEIC, Die Europäischen Sprachenzertifikate (telc): Englisch

Französisch:

DELF/DALF, Test de Français International (TFI), Die Europäischen Sprachenzertifikate (telc): Französisch

Spanisch:

DELE, Certificado de Espagnol Comercial, Die Europäischen Sprachenzertifikate (telc): Spanisch

Ministerium für Schule und Weiterbildung des Landes Nordrhein-Westfalen (2008), Fremdsprachenzertifikate in der Schule. Handreichung. http://www.schulministerium.nrw.de/BP/Unterricht/Faecher/Fremdsprachen/Zertifikate/FremdsprachenZertifikate.pdf

Anhang

Übersicht der Buchhinweise

Abendroth-Timmer, Dagmar / Breidbach, Stephan (Hrsg.) (2001), Handlungsorientierung und Mehrsprachigkeit: Fremd- und mehrsprachliches Handeln in interkulturellen Kontexten. Frankfurt / Main: Lang.

Ainciburu, María Cecilia (2008), Aspectos del aprendizaje del vocabulario. Tipo de calabra, método, contexto y grado de competencia en las lenguas afines. Frankfurt / Main u. a.: Lang.

Anstatt, Tanja (Hrsg.) (2007), Mehrsprachigkeit bei Kindern und Erwachsenen. Erwerb, Formen, Förderung. Tübingen: Attempo Verlag.

Astolfi, Jean-Pierre (1997), L'erreur, un outil pour enseigner. Issy-les-Moulineaux: ESF Editeur.

Bausch, Karl-Richard / Burwitz-Melzer, Eva / Königs, Frank G. / Krumm, Hans-Jürgen (2007), Textkompetenzen. Arbeitspapiere der 27. Frühjahrskonferenz zur Erforschung des Fremdsprachenunterrichts. Tübingen: Narr.

Bausch, Karl-Richard / Christ, Herbert / Königs, Frank G. / Krumm, Hans-Jürgen (Hrsg.) (1999), Die Erforschung von Lehr- und Lernmaterialien im Kontext des Lehrens und Lernens fremder Sprachen. Tübingen: Narr.

Bausch, Karl-Richard / Christ, Herbert / Königs, Frank. G. / Krumm, Hans-Jürgen (Hrsg.) (2003), Der Gemeinsame Europäische Referenzrahmen für Sprachen in der Diskussion. Tübingen: Narr.

Beck, Bärbel / Klieme, Eckhard (Hrsg.) (2007), Sprachliche Kompetenzen. Konzepte und Messung. DESI-Studie. Weinheim, Basel: Beltz.

Bergmann, Gustav / Daub, Jürgen (^{2}2008), Systemisches Innovations- und Kompetenzmanagement. Grundlagen – Prozesse – Perspektiven. Wiesbaden: Gabler.

Biebricher, Christine (2008), Lesen in der Fremdsprache. Eine Studie zu Effekten extensiven Lesens. Tübingen: Narr.

Bienk, Alice (2006), Filmsprache: Einführung in die interaktive Filmanalyse. Marburg: Schüren.

Blanke, Detlev / Scharnhorst, Jürgen (^{2}2009), Sprachenpolitik und Sprachkultur. Frankfurt / Main. u. a.: Lang.

Boller, Sebastian / Rosowski, Elke / Stroot, Thea (Hrsg.) (2007), Heterogenität in Schule und Unterricht: Handlungsansätze zum pädagogischen Umgang mit Vielfalt. Weinheim, Basel: Beltz.

Borg, Serge (2001), La notion de progression. Paris: Didier.

Böttcher, Ingrid / Becker-Mrotzek, Michael (2003), Texte bearbeiten, bewerten und benoten. Schreibdidaktische Grundlagen und unterrichtspraktische Anregungen. Berlin: Cornelsen.

Böttcher, Wolfgang / Holtappels, Heinz Günter / Brohm, Michaela (Hrsg.) (2006), Evaluation im Bildungswesen: Eine Einführung in Grundlagen und Praxisbeispiele. Weinheim, München: Juventa.

Brammerts, Helmut / Kleppin, Karin (Hrsg.) ([2]2001), Selbstgesteuertes Sprachenlernen im Tandem: Ein Handbuch. Tübingen: Stauffenberg.

Bredella, Lothar (Hrsg.) (2007), Fremdverstehen und Interkulturelle Kompetenz. Tübingen: Narr (Giessener Beiträge zur Fremdsprachendidaktik).

Brunner, Ilse / Häcker, Thomas / Winter, Felix (Hrsg.) (2006), Das Handbuch Portfolioarbeit. Konzepte – Anregungen – Erfahrungen aus Schule und Lehrerbildung. Seelze: Klett-Kallmeyer.

Bühner, Markus ([2]2006), Einführung in die Test- und Fragebogenkonstruktion. München, Boston: Pearson.

Bürgi, Heidi (2007), Im Sprachbad: besseres Englisch durch Immersion; eine Evaluation zweisprachiger Ausbildungsgänge an drei kantonalen Gymnasien in der Schweiz. Bern: hep.

Bundesministerium für Bildung und Forschung (Hrsg.) (2003), Zur Entwicklung nationaler Bildungsstandards. Eine Expertise.

De Bono, Edward (1992), Serious Creativity. The McQuaig Group Inc.

De Bono, Edward (2004), La boîte à outils de la créativité. Paris: Ed. d'organisations.

Dietrich, Rainer ([2]2007), Psycholinguistik. Stuttgart, Weimar: Metzler.

Drumm, Julia (Hrsg.) (2007), Methodische Elemente des Unterrichts. Sozialformen, Aktionsformen, Medien. Göttingen: Vandenhoeck & Ruprecht.

Düwell, Henning / Gnutzmann, Claus / Königs, Frank G. (Hrsg.) (2006), Dimensionen der Didaktischen Grammatik. Festschrift für Günther Zimmermann zum 65. Geburtstag. Bochum: AKS-Verlag.

Ellis, Rod / Barkhuizen, Gary (2005), Analyzing Learner Language. Oxford: Oxford University Press.

Europarat (2001), Gemeinsamer europäischer Referenzrahmen für Sprachen: lernen, lehren, beurteilen. München: Langenscheidt.

Fehling, Sylvia (²2008), Language Awareness und bilingualer Unterricht. Eine komparative Studie. Frankfurt/Main u. a.: Lang.

Frederking, Volker (Hrsg.) (2008), Schwer messbare Kompetenzen. Herausforderungen für die empirische Fachdidaktik. Baltmannsweiler: Schneider.

Griffiths, Carol (Hrsg.) (2008), Lessons from good language learners. Cambridge: Cambridge University Press.

Grotjahn, Rüdiger (Hrsg.) (2006), Der C-Test: Theorie, Empirie, Anwendungen. Frankfurt/Main: Lang.

Grotjahn, Rüdiger (2009), Testen und Evaluieren fremdsprachlicher Kompetenzen: Ein Arbeitsbuch. Tübingen: Narr.

Havranek, Gertraud (2002), Die Rolle der Korrektur beim Fremdsprachenlernen. Frankfurt/Main: Lang.

Helfferich, Cornelia (2005), Die Qualität qualitativer Daten: Manual für die Durchführung qualitativer Interviews. Wiesbaden: VS Verlag.

Helmke, Andreas (2009), Unterrichtsqualität und Lehrerprofessionalität. Diagnose, Evaluation und Verbesserung des Unterrichts. Seelze: Klett-Kallmeyer.

Hermann, Christoph/Fiebach, Christian (²2007), Gehirn und Sprache. Frankfurt/Main: Fischer TB.

Hoffmann, Sabine (2008), Fremdsprachenlernprozesse in der Projektarbeit. Tübingen: Narr (Giessener Beiträge zur Fremdsprachendidaktik).

Hosenfeld, Ingmar/Groß-Ophoff, Jana/Bittins, Petra (2006), Vergleichsarbeiten und Schulentwicklung. München: Oldenbourg.

Howatt, A.P.R./Widdowson, H.G. (2004), A History of English Language Teaching. Oxford, New York: Oxford University Press.

Klein, Horst, G./Rutke, Dorothea (Hrsg.) (2004), Neuere Forschungen zur Europäischen Interkomprehension. Aachen: Shaker.

Konsortium Bildungsberichterstattung im Auftrag der Kultusministerkonferenz und des Bundesministeriums für Bildung und Forschung (Hrsg.) (2008), Bildung in Deutschland. Ein indikatorengestützter Bericht mit einer Analyse zu Übergängen im Anschluss an den Sekundarbereich I. Bielefeld: Bertelsmann.

Körting, Anika (2008), Die Maria-Montessori-Pädagogik und die Entwicklung sowie Verwendung von Freiarbeitsmaterialien im Französischunterricht. Münster: LiT.

Krashen, Stephen D./Terrell, Tracy D. (1983), The Natural Approach. Language Acquisition in the Classroom. Oxford: Pergamon.

Kubinger, Klaus D./Jäger, Reinhold, S. (Hrsg.) (2003), Schlüsselbegriffe der Psychologischen Diagnostik. Weinheim, Basel: Beltz.

Küppers, Almut/Quetz, Jürgen (Hrsg.) (2006), Motivation Revisited. Festschrift für Gert Solmecke. Berlin: LIT.

Kultusministerkonferenz (Hrsg.) (2006), Gesamtstrategie der KMK zum Bildungsmonitoring. München: Wolters Kluwer.

Kultusministerkonferenz (Hrsg.) (2004), Bildungsstandards für die erste Fremdsprache (Englisch/Französisch) für den Mittleren Schulabschluss. Beschluss der Kultusministerkonferenz v. 04.12.2003. Köln: Luchterhand

Kultusministerkonferenz (Hrsg.) (2004), Bildungsstandards für die erste Fremdsprache (Englisch/Französisch) für den Hauptschulabschluss (Jahrgangsstufe 9). Köln: Luchterhand.

Lamberts, Koen/Goldstone, Robert L. (2005), The Handbook of Cognition. London: Sage Publications.

Leupold, Eynar (2007), Spielerische Aktivitäten im Französischunterricht. Rätsel, Lieder, Reime, Spiele. Seelze: Kallmeyer.

Levelt, Willem, J.M. (1989), Speaking. From Intention to Articulation. Cambridge: The MIT Press.

Maaser, Michael/Walter, Gerrit (Hrsg.) (2009), Bildung: Ziele und Formen, Traditionen und Systeme, Medien und Akteure. Stuttgart: Metzler.

Mackey, Alison (Hrsg.) (2007), Conversational interaction in second language acquisition: a collection of empirical studies. Oxford: Oxford University Press.

Mandl, Heinz/Friedrich, Helmut Felix (2007), Handbuch Lernstrategien. Göttingen u.a.: Hogrefe.

Mentz, Olivier/Nix, Sebastian/Palmon, Paul (Hrsg.) (2007), Bilingualer Unterricht in der Zielsprache Französisch. Entwicklung und Perspektiven. Tübingen: Narr.

Minde, Antje (2007), Schulnoten: Der Einfluss von Leistungsbeurteilungen auf die Schülermotivation. Saarbrücken: VDM Verlag Dr. Müller.

Ministerium für Schule und Weiterbildung des Landes Nordrhein-Westfalen (2008), Fremdsprachenzertifikate in der Schule. Handreichung. http://www.schulministerium.nrw.de/BP/Unterricht/Faecher/Fremdsprachen/Zertifikate/FremdsprachenZertifikate.pdf

Müller-Hartmann, Andreas / Schocker von Ditfurth, Marita (Hrsg.) (2005), Aufgabenorientierung im Fremdsprachenunterricht: task-based language learning and teaching; Festschrift für Michael K. Legutke. Tübingen: Narr (Gießener Beiträge zur Fremdsprachendidaktik).

Münchow, Sabine (Hrsg.) (2004), Computer, Internet & Co. im Französischunterricht. Berlin: Cornelsen.

Neveling, Christiane (2006), Wörterlernen mit Wörternetzen. Eine Untersuchung zu Wörternetzen als Lernstrategie und als Forschungsverfahren. Tübingen: Narr.

Nunan, David (2004), Task-Based Language Teaching. Cambridge u. a.: Cambridge University Press.

Olsen, Ralph (Hrsg.) (2006), Intertextualität und Bildung – didaktische und fachliche Perspektiven. Frankfurt / Main u. a.: Lang.

Ortner, Brigitte (1998), Alternative Methoden im Fremdsprachenunterricht. Lerntheoretischer Hintergrund und praktische Umsetzung. Ismaning: Hueber (Forum Sprache).

Overmann, Manfred (2002), Multimediale Fremdsprachendidaktik. Frankfurt / Main: Lang.

Pfister, Beate / Kaufmann, Tobias (2008), Sprachverarbeitung: Grundlagen und Methoden der Sprachsynthese und Spracherkennung. Berlin, Heidelberg: Springer.

Porst, Rolf (2008), Fragebogen. Ein Arbeitsbuch. Wiesbaden: VS Verlag.

Puren, Christian (1996), Histoire des méthodologies de l'enseignement des langues. Paris: Clé International-Nathan.

Reich, Hans H. / Holzbrecher, Alfred / Roth, Hans-Joachim (Hrsg.) (2000), Fachdidaktik interkulturell. Ein Handbuch. Opladen: Leske & Budrich.

Reich, Kersten (2006), Konstruktivistische Didaktik. Lehr- und Studienbuch mit Methodenpool. Weinheim, Basel: Beltz.

Reinfried, Markus (1992), Das Bild im Fremdsprachenunterricht. Tübingen: Narr.

Robinson, Peter (Hrsg.) ([3]2007), Cognition and second language instruction. Oxford: Oxford University Press.

Roche, Thomas (2006), Investigating learning style in the foreign language classroom. Berlin u. a.: Langenscheidt.

Roth, Gerhard / Spitzer, Manfred / Caspary, Ralf (2008), Lernen und Gehirn: Der Weg zu einer neuen Pädagogik. Freiburg: Herder.

Rouibah, Aïcha (2000), Entendre à lire. Approche cognitive des traitements phonologique et sémantique. Grenoble: Presses Universitaires.

Rupp, André A. / Vock, Miriam / Harsch, Claudia / Köller, Olaf (2008), Developing Standards-based Assessment Tasks for English as a First Language. Context, Processes and Outcomes in Germany. Münster: Waxmann.

Schaller, Roger (^{2}2006), Das große Rollenspiel-Buch: Grundtechniken, Anwendungsformen, Praxisbeispiele. Weinheim, Basel: Beltz.

Schmenk, Barbara (2008), Lernerautonomie. Karriere und Sloganisierung des Autonomiebegriffs. Tübingen: Narr.

Schocker von Ditfurth, Marita (2001), Forschendes Lernen in der fremdsprachlichen Lehrerbildung. Grundlagen, Erfahrungen, Perspektiven. Tübingen: Lang.

Schwarz, Johanna / Volkwein, Karin / Winter, Felix (Hrsg.) (2008), Portfolio im Unterricht – 13 Unterrichtseinheiten mit Portfolio. Seelze: Klett-Kallmeyer.

Senatsverwaltung für Bildung, Jugend und Sport Berlin (2007), Handreichungen zur Sprachmittlung in den modernen Fremdsprachen: Englisch, Französisch, Spanisch. http:// www.bildung-brandenburg.de

Tesch, Bernd / Leupold, Eynar / Köller, Olaf (2008), Bildungsstandards Französisch: konkret Sekundarstufe I: Grundlagen, Aufgabenbeispiele, Unterrichtsanregungen. Berlin: Cornelsen.

Timm, Johannes-Peter (Hrsg.) (2006), Fremdsprachenlernen und Fremdsprachenforschung: Kompetenzen, Standards, Lernformen, Evaluation. Festschrift für Helmut Johannes Vollmer. Tübingen: Narr.

Vogel, Klaus (1990), Lernersprache. Tübingen: Narr.

Wei, Li (Hrsg.) (2000), The Bilingualism Reader. London: Routledge.

Wicke, Rainer E. (2000), Grenzüberschreitungen. Der Einsatz von Musik, Fotos und Kunstbildern im Deutsch-als-Fremdsprache-Unterricht in Schule und Weiterbildung. München: Iudicum.

Wirtz, Markus / Caspar, Frank (2002), Beurteilerübereinstimmung und Beurteilerreliabilität. Göttingen u. a.: Hogrefe.

Yin, Robert, K. ([4]2009), Case study research: design and methods. Thousand Oaks: Sage Publications. (Applied Social Research Methods Series vol. 5)

Zydatiß, Wolfgang (2005), Bildungsstandards und Kompetenzniveaus im Englischunterricht. Konzepte, Empirie, Kritik und Konsequenzen. Frankfurt/Main u.a.: Lang.

Glossare und Wörterbücher zur Fremdsprachendidaktik

Englisch

Hartley, Anthony F. (1982), Linguistics for Language Learners. London: Macmillian.

Matthews, Peter H. ([2]2007), The Concise Oxford Dictionary of Linguistics. Oxford: Oxford University Press.

Richards, Jack C.; Platt, John & Heidi (1992), Dictionary of Language Teaching and Applied Linguistics. Essex: Longman.

Französisch

Cuq, Jean Pierre et al. (2003), Dictionnaire de didactique du français langue étrangère et seconde. Paris: CLE international.

Dubois, Jean et al. (2002), Dictionnaire de linguistique. Paris: Larousse.

Meissner, Franz-Joseph (2004), Glossaire de la didactique de l'intercompréhension. In: Meissner, Franz-Joseph et al. (Hrsg.): EuroComRom – Les sept tamis: lire les langues romanes dès le départ. Aachen: Shaker, 127–140.

Pougeoise, Michel (1996), Dictionnaire didactique de la langue française. Paris: Armand Colin.

Reuter, Yves (Hrsg.) (2007), Dictionnaire des concepts fondamentaux des didactiques. Bruxelles: De Boeck.

Robert, Jean-Pierre (2002), Dictionnaire pratique de didactique du FLE. Paris: Ophrys.

Spanisch

Diccionario de términos clave de ELE. http://www.cvc.cervantes.es/ensenanza/biblioteca_ele/diccio_ele/default.htm.